K A Z U N A R I U C H I D A

右脳思考

ロジカルシンキングの限界を超える
観・感・勘のススメ

早稲田大学ビジネススクール教授
内田和成

東洋経済新報社

はじめに

社会人になったばかりで、まだ学生気分が抜けきらない頃に、「仕事は遊びじゃないのだから、『好き』『嫌い』で仕事をするな」とか、「経験や勘で仕事をするな」と言われた記憶はないだろうか。

仕事をする上で、何よりも大事なことはデータや数字に基づいて物事を論理的に考えることであって、間違っても勘を頼りに判断してはいけないと教わったりもする。いわゆるロジカルシンキング（論理的思考）の大切さを、説かれるわけである。

本当であろうか？

人間は私生活では、相当、勘や感覚を頼りにしている。

たとえば、冷蔵庫に残っている食品を食べられるかどうか考えるときに、料理や食材の購入経験の少ない私と息子は消費期限を見て、期限内であれば安心できると判断し、食べる。

一方で、料理経験が豊富でしょっちゅうスーパーなどで買い物をしている妻や娘たちはどうかというと、基本的に五感を大切にする。まず見た目で大丈夫かどうか判断し、次ににおいを嗅いだり、目を凝らして表面を見たり、表面を少し強く押してみたりする。場合によっては実際に口に入れて、大丈夫だとか、やっぱりダメだとか判断する。一見、非合理的で危ない判断の仕方に見える。しかし、よく考えてみると実は合理的である。

なぜかと言えば、私や息子のやり方は安全で正しいかもしれないが、そこには学習や進化はない。リスクは少ないかもしれないが、消費期限という判断基準がはっきり示されている以上、さらに踏み込んで考えたり、試してみたりすることはない。もっと言えば、「思考停止」が起きている。

それに対して、妻や娘のやり方は、野蛮に見えるかもしれないが、そこには学習があり、たとえ消費期限が切れていても大丈夫なことが多いとか、これ以上はやはり「危ない」「まずい」とか身をもって体験する。経験、あるいは体験をもとにした勘で判断したりしている。

もちろん、時には痛い目に遭って、おなかを壊すことがあるかもしれないが、自分なりの判断基準をもつことができるし、消費期限が書いていない場合や、書いてある部分を捨ててしまったという場合にも、対応できるだろう。

私や息子のやり方では、未知のものと遭遇した場合に、自分自身の物差し、すなわち判断基準をもたないために対応しようがないのである。どうも仕事でも同じことが言えるのではないかというのが、本書の出発点である。


企業で仕事をしていて、よいアイデアを思いついたとき、そのアイデアをそのまま口にすると「何を根拠にそんなことを言うのだ」と詰められたり、逆にある企画に対して「なんかおかしいな」と感じても理屈が立たずに声をあげられなかったりという経験があるだろう。

こうした状況に陥ったときに、推奨されている解決策は次のようなことである。

大事なことは物事を論理的に考え、できれば数字などのデータで証拠を見せた上で、筋道立てて説明する。特にコンサルティングの仕事をしていると、論理的な見方・考え方、そしてデータや統計などの数字を示す説得の方法を徹底的に叩き込まれる。

20年以上、ボストン コンサルティング グループ（BCG）に在籍し、日本代表を務めた経験もある私は「叩き込まれた側」でもあるし、「叩き込んだ側」でもあるので、このことは身に染みてわかっている。

たとえば、ある事業の戦略を立てる場合には、まず市場を見て、そこにどのような事業機会（チャンス）と脅威（リスク）があるかをできるだけ定量化する。次に競争相手が誰で、その実力、あるいは脅威がどの程度のものかをできるだけ定量的に、少なくとも必要な項目を評価する。最後に自社の経営資源を評価し、これらを総合的に判断して、事業戦略を策定するということになる。

こうした分析を行なう際には、たとえばビジネススクールで学ぶようなマーケティング分析手法、財務分析、人材活用・組織改革の方法論などが必要とされる。

こうした手法を否定するわけではない。しかし、長年のビジネス経験から言えるのは、ビジネススクールの教科書に書かれている知識だけでは不十分であるということだ。

経営コンサルタントの仕事を通じて優れた経営者から学んだことは、彼らは経験や直感をとても大切にしているということである。

大きな経営改革を成し遂げた経営者、誰も思いつかなかったユニークな戦略で自社を飛躍させた経営者に、「どうしてそのような意思決定をしたのか」と尋ねると、「勘です」とか、「答えは誰もわからないのだから、やってみるしかない」というような回答を多くもらう。

もちろん、成功したから、何を言ってもよいという見方もあり、成功した経営者と同じように勘で判断して失敗し、舞台から消え去った経営者の数のほうが実は多いだろう。だから、やはり勘に頼るよりは、ロジカルに考えるべきなのであろうという考え方もあり得る。

それでも、私は「勘はダメ」とは思わない。

先に20年以上コンサルティングファームに在籍し、「論理的思考を叩き込まれた」「叩き込んだ」と述べたが、実は、分析よりもひらめきやワクワク感に重きを置くタイプであった。

本書では、感覚・感情、直感、勘など、論理（ロジック）では説明できないひらめき・思いつき・考えを総称して右脳とする。

それに対して、左脳とはロジック（論理）そのもの、あるいはロジックで説明できるものを指すことにする。

この本で伝えたいのは、**ロジカルシンキングの否定ではない。ロジックだけでなく感情や勘、すなわち右脳を働かせることで仕事をより効率的に進める、あるいは、成果をあげることができるということである。**

もちろん、やみくもに右脳で仕事をすることを勧めるわけではない。

本書では、主に3つのポイントから右脳の活用を紹介する。

1つ目は、左脳と右脳には使う順番と場所がある。

2つ目は、左脳と右脳は独立して別々に使うものではなく、両者の間ではキャッチボールが必要である。これを思考のキャッチボールと呼ぶ。

3つ目は、ビジネスで役に立つ右脳をどう鍛えるかである。

常にロジカルシンキングを徹底することでうまくいっている人や、その逆で、いつも経験と勘で乗り切っている人には本書は必要ないかもしれないが、そうした人はビジネスの経験が少ないか、自分がうまくいっていないことに気づいていないだけだと思う。

「ロジカルシンキングでやっているのだが、結果が出ない、うまくいかない。人がついてこない、動いてくれない」

「経験や勘でやってきたが、時々不安になる、当たり外れが大きい。人に信用されない、限界を感じる」

「ロジカルシンキングと経験・勘のどちらをどのように使い分けたらよいか悩んでいる」


ビジネスをやっていくうち、こうした悩みに行き当たるのが普通だと思う。本書がその悩みを解決する一助となれば、幸いである。

２０１８年12月

内田　和成

右脳思考［目次］

第2章 右脳の使い方

第3章 右脳で考え、左脳でロジカルチェック

第4章 左脳で考えたロジックフローを右脳で肉づけ

第5章 右脳「力」を鍛える

第6章 ロジカルシンキングより直感を信じてみよう

第1章

右脳を使うことが重要な理由

1 ロジカルシンキングの落とし穴

退屈な選択──正しいけれど面白くない

あなたは彼女（彼）と映画を見に行くことになっている。なんの映画を見に行くかを決めるプロセスは次の2つのうちのどちらに近いだろうか。もちろん2人で相談するのが普通だが、ここでは自分ひとりで決めることを前提で考えてみよう。

ひとつ目のパターンはこうなる。

いま流行っている映画は何かな？　そういえば友だちがエマ・ワトソン主演の最新作が面白いと言ってたな、でもテレビでは、是枝裕和《これえだひろかず》監督の最新作も薦めていたな。一方で、自分の見たい映画から選ぶとしたら、『スター・ウォーズ』や『ジュラシック・ワールド』のようなアクション映画が好きだから、『ミッション：インポッシブル』の最新作がよいかな。しかし、彼女は『ラ・ラ・ランド』のような恋愛ドラマや『アラジン』や『アナと雪の女王』のようなディズニーアニメが好きだ。

この間、デートを直前でキャンセルして迷惑をかけたばかりだから、今日は彼女の趣味に合わせたほうがよさそうだ。そうだとしたら『ミッション：インポッシブル』は止めておいたほうがよいかもしれない。

そういえば、この間ディズニーのアニメを見たと言っていたから、今日はアニメではなく恋愛モノがよさそうだ。『君の名は。』の続編でも見に行こうか。

映画の後は、最近話題の若手シェフのイタリアンレストランで食事することになっているから、彼女もおしゃれしてくるだろう。となると映画館も奮発して六本木のシネコンにあるデラックスペアシートをとろう。

2つ目のパターンは、もっとロジカルに決める方法だ。まず自分が最近見た映画を一覧表にして、どんなカテゴリーの映画を多く見ているか、逆に最近見ていないカテゴリーはどこか？ 最近の自分は洋画ばかり見ているので、今日は日本映画のほうがよいかもしれない。

しかし、今日はまだ2回目のデートだから、映画を通じてより親密になることが狙いだ。そうだとすれば、自分が好きな映画を選ぶだけでなく、彼女が好きな映画を選ぶ必要がある。そのために事前にしっかり調べておくことが大事だ。でもそれが難しければ、彼女が最近どんな映画を見ているかも想像して、傾向と対策を練る必要がある。彼女はどうもミュージカルや恋愛モノが好きそうだ。

次に、最近評判の映画は何かを雑誌や新聞で探してみる。もちろん、ネットでの調査は欠かせない。それによると、『万引き家族』でカンヌ国際映画祭の最高賞を受賞した是枝裕和監督の最新作が評判だ。次いで人気の高いのが、『スター・ウォーズ』の最新作で9部作の完結編だ。3番人気はエマ・ワトソン主演の恋愛映画だ。

彼女の趣味がいまひとつはっきりしないが、まだそれほど親密でない2人なので、深刻な社会派ドラマは避けたほうがよいな。また2番目の候補にあがっている『スター・ウォーズ』の最新作のようなアクション映画は自分は大好きだが、彼女の趣味ではなさそうだ。そうだとすれば3番目のエマ・ワトソンの映画が無難な選択だろう。

次に検討すべき事柄は、どこの映画館のどんなシートで見るかだ。我が家の場所、彼女の家、そこに行くまでにそれぞれが要する時間、映画館の立地、音響設備のスペック、さらにはどんなスナックが売られているか、そこまで考えた上で選択する。

しかし、それで終わりではない。最終的にはその映画を見ることのコストパフォーマンスを評価する必要がある。この映画を見るために、どれだけの時間を消費し、どれくらいの金額を使うことになるのか。また映画を見て、自分と彼女はどれくらい満足するかを考え、結果として2人の距離はどれくらい縮まるのか。結局、この映画を見に行くことは投資に見合うのかをチェックして、OKとなればゴーサインだ。

果たして、あなたはどちらのやり方に共感するだろうか。後者のような選び方はあり得ないと即座に否定するに違いない。実際に、プライベートで後者のような映画の選び方をする人はほとんどいないと思う。大体、ワクワクしないし、楽しくない。

ところが、仕事となると、前者のようなやり方をすると、「感覚で仕事をするな」

と怒られ、後者のように、「データをもとに、理詰めで仕事をしろ」と言われる。

私は後者のようなやり方では、仕事の上でも、進歩はないし、クリエイティビティ、イノベーションは生まれないと思っている。したがって、仕事においても前者の要素を大いに取り入れたほうがよいと考えている。

仕事も楽しいほうがよいに決まっている。 映画選びでワクワクするように、仕事でも新しいことを考えたり、自分の好きなことを盛り込んだりした提案をするほうが面白いに決まっている。

実は「ひらめき」「よいアイデア」というのは、それを考えついた人がワクワクしているものだ。 それが実行に移され、実現することで、仕事が楽しくなるのだ。現場レベルであろうと、マネジメントレベルであろうと、こうした直感による意思決定がどんどん進めることができるならば、仕事は本当に楽しくなると思う。

ロジックで攻めるからこそはまる「落とし穴」

あなたは、ある企業に在籍していて新製品を企画して提案する立場だとしよう。事前に、市場調査をしてニーズ（需要）があることを確認し、ユーザー調査からも好感触を得た新製品Aの発売を「経営陣」に対して提案した。完璧とは言えないまでも、かなり緻密な分析をし、市場環境、ユーザーのニーズ、新製品の競争優位性、競合との比較分析、収支計算などをきちんとそろえた企画資料を作成し、**それをわかりやすく、かつロジカル（論理的）にプレゼンテーションした。**

にもかかわらず、**経営者や事業トップの反対で企画がボツになったり、再提案することになったりした経験はないだろうか。**

このような場合、企画が通らなかった理由は大きく分けて2つある。

ひとつ目は、提案者が思っているほどロジカルではなく、提案の完成度が低く、市場の見方やユーザーニーズの把握の仕方、あるいは自社の製品のコストや販売見通しが不十分だった場合である。この場合は、もう一度きちんと詰め直して再提案すれば、認めてもらえる可能性がある。便宜上、これをパターンAと呼ぶ。

2つ目は経営者がこの提案を感覚的に気に入っていない場合である。これをパターンBと呼ぶ。この場合には経営者の反応が大きく分かれることがある。

ひとつのケースは、否定する理由を聞いても、明確に説明してくれるわけではなく、

図表1-1｜提案に反対される3つのパターン

	反応	真の理由
パターンA	ロジカルに反論	提案の完成度が低い
パターンB1	とにかく反対	気に入らない
パターンB2	ロジカルに反論	気に入らない

なんとなく気に入らないとか、他の方法がありそうだというものだ。ロジカルに見れば、何を考えているのかわからないというケースで、とにかく反対されているという状態。これをパターンＢ１と呼ぶ。

もうひとつのケースは、提案に対して市場調査が不十分であるとか、あるいはユーザーがその商品を本当に欲しがっているというのがどうしてわかるのか、さらに、その事業計画は本当に実現できるのか、コストの計算は合っているのかといった細部に至るまで指摘をしてくる場合だ。これをパターンＢ２と呼ぶ（図表1-1）。

この３つのパターンのうち、実はＡ「提案の完成度が低い」状態とＢ２「気に入られていないので、ロジカルに反論されている」状態は、経営者の反応が表面的には同じに見える。そこに落とし穴がある。

というのもAとB2では、その後の展開については大きな違いがある。Aは出された疑問や課題についてロジカルに対応していくと、ゴーサインが下りる可能性が高い。一方で、B2は提案が気に入らないので進めたくないために、アラ探しをしているだけで、細部にわたった指摘を改善して再提案したところで、また別の欠点を探して注文をつけることになる。

パターンB2の場合は、結局、意思決定者はやりたくないのである。何をやり直してもうまくいかない。これ以上に労力をつぎ込むのはほとんど時間のムダである。一方で、もしパターンAであれば、やり直してうまくいく可能性があるのであるから、大いに再検討すべきということになる。

パターンB1「気に入られていないので、とにかく反対されている状態」で提案に反対であることが明らかな場合には、その理由を、上司や周囲の人々から探り出して、対応策を考えることもできるかもしれないし、ダメでもそれなりにあきらめもつく。

この3つの中では、パターンAのみがロジカルシンキングで対応可能であるが、パターンB1やパターンB2では単なるロジカルシンキングでは通用しない。さらに、表面的にはパターンAとパターンB2が同じに見えるという難題がある。

見分け方としては、1度目の提案で反対された後、2度目の提案をしてみれば、わかることが多い。1度目のプレゼンテーションで同席していた同僚や直属の上司にチェックしてもらい、経営者や事業トップに指摘されたことに対して、すべて対応した上で2度目のプレゼンテーションに挑む。そこで、さらなる細かな指摘や揚げ足取りのようなことで、反対されるようなら、パターンB2である場合が多い。パターンB2の場合にもかかわらず、あえて3度目に挑戦するならば、論理や数字を詰めていくだけでは、3度目も玉砕になる可能性が高い。経営者や事業トップの考え方や心理状態を考えた対応が必要になる。

ロジカルシンキングで優れた提案をする前に、あるいは提案すると同時に、意思決定者がこの提案に対してどのような気持ちをもっているかを知ることがきわめて重要になる。

ここでの教訓は、人間は仕事を進めるに当たってはロジカルであるべきと誰もが思うにもかかわらず、対応する相手がロジカルではない、そして、その相手に対応するために、自分もいつの間にかロジカルではなくなっている、という可能性があるということだ。

そして、パターンB１やB２の状況を打開していくためには、ロジックで攻めてもダメで、相手の心理状況を理解した上で対策を立てることが重要になることは言うまでもない。これこそ左脳ではなく、右脳で考える、あるいは少なくとも相手の右脳を理解することが大事になる。

人は「やる気」で動く

今度は、あなたの提案した企画が、努力の甲斐あって、社内で、あるいは顧客で採用されたとしよう。ところが、実際に計画を実行に移そうとすると、思うように進まないということもよくある。

これにもいろいろな理由が考えられる。元々の計画に無理があった、あるいは事業を始めてみたら市場環境が変わった、あるいは競争相手が対抗商品を出してきた。こうした場合は、環境変化に対応する、あるいは、計画を中止・延期する、というようなロジカルな対応が可能になる。

しかし、実際のところ、多くの企業でよく起こり、そして、やっかいなのは、計画を推進・実行する人が納得しておらず、その気になっていないというものである。

たとえば、新規事業で一番多い失敗の理由は、プランを考えた人と実行する人が別という場合だ。経営企画部門などに所属する優秀なスタッフが新規事業を発案して、それを事業部門の別の人間が指名されて実行する。たいていの場合、うまくいかない。

理由は、実行する側にオーナーシップ（当事者意識）が欠けているため、ちょっとした壁にぶち当たったり、事前のシナリオと違うことが起こったりしたときに簡単にあきらめてしまうためだ。これは人間の優秀さとは関係がない。モチベーションの問題である。人間は誰しも、自分がやりたいと思ったことは一所懸命やるが、人から言われたことで興味がないことは、ほどほどになりがちだ。まして、経験をしたことがない領域であればあるほど、腰が引けてしまい、リスクに敏感になる。

こうしたことをわかっているはずなのに、多くの企業で企画を立案する人材とその案を実行する人材が別々のことがいまだに多い。これでは人は動かない。発案した人が自ら先頭に立つか、あるいは実行する人をその気にさせる仕掛けや努力が必要である。

こうしたことは新規事業でなくてもよく起きる。

たとえば、新しいリーダーが自分の部署にやってきたとしよう。これまでのやり方を変更して、改革をすることに決めて、実際に公式にアナウンスもし、プランを発動したとしよう。ところが、実際に進めてみると了解しているはずのメンバーが思うように動いてくれない。あるいは、逆に抵抗勢力となってしまう。

こうした現象は、組織論では組織に働いている慣性の力が実行を押しとどめるとか、実行における障害を取り除く方法が不十分であるとか解説される。しかし、私に言わせれば、要は本心ではやりたくないのである。人間誰しも、いままで慣れ親しんできたやり方から新しいやり方に移るのに心理的抵抗がある。改革を面白いと思う気持ちや新しいことを試してみようという前向きの気持ちより、不安が先に出てしまうのである。

したがって、そうした心理状態のメンバーや担当者にいくらロジックで改革の必要性を説いても、なかなかやる気のスイッチが入らない。この場合も、相手の心理面まで入り込んで、何が障害となっているのかを理解した上で、先に進む方法を考えないといけないのである。

心の底から納得していない案は、計画発表され実行に移されたときに、かろうじて存在するやる気が続く間にしか推進されない。それでうまくいけば儲けものであるが、実際には途中で当初の予定通りいかないことが必ず出てくる。そのときに、多くのプロジェクトや改革が遅延したり、骨抜きになったり、頓挫したりする。

結局、人間を動かすのはそれが正しいか、間違っているか、あるいはやるべきかどうかという理屈、すなわちロジックではない。やりたいとか、面白そうとか、やらないとまずいなといった気持ち、すなわち感情である。「これを相手にしないといけないのは面倒くさいな」と思ったあなた、実はあなたも感情が先に立っていることを理解しないといけない。

2

成功している経営者は「思いつき」で動く

論理的に考えたら成功確率が低い道でも選ぶ

経営コンサルタントという仕事柄、実にたくさんの経営者、あるいは経営幹部と接してきた。その数は優に一〇〇〇人を超える。そうした中で、成功している経営者、とりわけオーナー企業の経営者に特徴的な行動パターンがある。

それは一見、思いつきにしか見えない意思決定や行動をとっており、もし私がコンサルタントとして事前にアドバイスを求められたら、理屈から考えてうまくいかないから止めたほうがよいとアドバイスするようなことに挑戦している。別の言い方をすれば、**ロジカルシンキングで考えると成功確率が低いので止めたほうがいいという道を選んでいる。**

たとえば、ユニ・チャームの創業者である高原慶一朗《たかはらけいいちろう》氏は、まだ会社の規模が小さく女性向けの生理用品が主力事業の時代に、その何倍もの市場と考えられる子ども用の紙オムツの市場に後発で参入した。体力以上の新規投資を必要とする事業は失敗すれば会社が潰れる。当然、経営幹部のほとんどが反対したそうであるが、彼は絶対成功するからと言って幹部の反対を押し切って参入したと聞く。そのとき、彼の頭の中には女性用生理用品だけでは市場は頭打ちになる、紙オムツは当時の日本ではまだ新しい市場で、P&Gがほぼ市場を独占していたが、いまならまだユニ・チャームでも間に合う、と考えたそうだ。

しかし、冷静に考えれば数百倍の規模があるグローバル企業P&Gに知名度・資本力・開発力・人材などすべての面で劣るユニ・チャームが勝てる可能性は高くはない。もし、私がそのとき助言を求められたら、そんな無謀な戦いは止めたほうがいい、とアドバイスしたに違いない。

しかし、彼は挑戦した。失敗のリスクは考えなかったのかという問いかけには、「まったく考えなかったわけではないが、それよりチャンスにかけてみたいと思った」と答えたそうだ。

結果は知っての通り、国内ではP＆Gというグローバル企業や花王というエクセレントカンパニーを相手にして勝利を収め、紙オムツはユニ・チャームの主力事業に育った。

思いつきを後から左脳で理論武装

それではユニ・チャームの紙オムツ事業参入は本当に無謀な挑戦だったのであろうか。

実は、よくよく聞いてみると「なるほど」という話が耳に入ってくる。というのも、当時ユニ・チャームは次の成長の柱を考えていて、新規事業を必要としていた。その中で、主力の生理用品のユーザーが女性であることから、女性を軸にすれば、紙オムツの事業も企業の事業領域としてはまとまりがある。生理用品もおむつも女性が購買の意思決定者である。あるいは、両製品とも「不快」を「快」に変えるという共通項がある。もちろん、これらは後づけの理屈かもしれないが、社長の「これはいける」という直感が、後から考えると理にかなっていたということになる。

私がよく事例で取り上げる自転車販売店のサイクルベースあさひも後から振り返ると、ファッション業界でGAPやユニクロが導入して成功した製造小売（SPA）というビジネスモデルを自転車業界に持ち込んだのが、成功のカギになっている。というのは、それまでの自転車販売店は売るのが専門で、アフターサービスに力を入れていなかったし、ましてや自社でプライベートブランド（PB）を製造して販売するというのは一部の大型量販店を除けば例がなかった。そうした中で、あさひは顧客接点を軸として、アフターサービスを充実させていった。あさひは「故障したら買い替えしてしまう」という風潮があったバブル時代でも修理に力を入れ、他の店で購入した自転車の修理も受け入れていた。現在のあさひのホームページは、メンテナンスやカスタマイズの方法の解説が充実している。出張修理をしているほどの力の入れようである。

アフターサービスに力を入れ、商品販売時の顧客ニーズを吸い上げて商品開発に活かした。さらには、中国の高級自転車製造工場に直に乗り込んで、デザインの指導や品質管理まで行なう。まさに、GAPやユニクロがファッション業界で行なったSPAモデルを自転車販売店で実践した点で実に理にかなっている。しかしながら、同社の創業者、下田《しもだ》進《すすむ》氏が最初からこのSPAモデルを志向していたかと言えば、それはあり得ない。SPAの実現にはかなりの売上規模が必要だからだ。自転車小売店を始めたものの なかなか顧客がつかない段階で、仕方がなく、他の販売店では力を入れられていなかった修理やアフターサービスを充実させた。そこで満足した顧客にやがて新車を買ってもらえるようになったというのが真実であろう。

そうこうしているうちに、多店舗展開するようになり、結果として効率的な店舗経営のためのノウハウもたまった。やがてPBを製造できるような規模にまで大きくなっていった。すべて下田社長やスタッフが日々の仕事の中で苦労して見つけたり、つくり上げてきたりしたノウハウだ。

そのように考えると、最初は下田氏が日々、その場その場で悩んだ末に試行錯誤の結果、考え出した方法が、振り返ってみると理にかなっていたと見るほうが適切であろう。

これらの2つの例は、元々ロジカルに徹底的に分析し尽くした上で実行に移したわけではない事業やオペレーションが、気がついたら理論的にも正しい事業へ変身していたということである。

別の言い方をすれば、**直感や経験から気づいたこと、感じたこと、つまり右脳的なことを、後からきちんと理屈づけた、すなわち左脳で理論武装した**とも言える。実はサラリーマン経営者や経営幹部にもこうした人がそれなりの割合でいる。

私の経験から見れば、仕事ができるビジネスパーソンは多かれ少なかれ、勘を上手に使っている。

3 ビジネスにおいても勘が重要

危険察知能力——感覚でリスクを見極める

人間には危険察知能力が備わっている。たとえば、はじめての街に行ったときになんの知識がなくても、ひとりで歩いたら危なそうなエリアというのは勘でわかることが多い。あるいは、交通量が多いのに、見通しの悪い交差点や車道と歩道の区別がはっきり示されていない道路などでは、周りの様子を見ながら注意して通行する。もちろん、給料日やボーナスが出た直後に六本木や新宿に繰り出すのも別な意味で危ないと判断する。財布の中が減ってしまうリスクである。時にこうした危険察知能力が低い人がいて、ボーナス日や給料日になると友だちから飲みに誘われて、おごらされてしまう。よい奴ではあるが、お金は貯まらない。

初対面の人との距離の取り方も同様である。どんな危険があるのかわからないので、いきなり身体をくっつけるほど近寄ったりはしないし、そんなことをしたらかえって相手に警戒される。

仕事でも実は同じことが言えるのであるが、仕事では勘はあまり重要視されない。というのも、ひとつに仕事は勘、思いつき、あるいは、好き嫌いでやるべきではないという常識があり、もうひとつはこうした勘や思いつきはロジックで人に説明できないことが多いからである。

別の言い方をすれば、プライベートであれば勘に頼って行動するのは自由だし、他人からもそれは好き嫌いの問題として理解される。ところが、仕事で勘に頼っているというと、ロジカルシンキング全盛の今日では、昔ながらの経営スタイルで、よくないやり方とされる。

しかし、**私はビジネスにおいても人間のもつ勘を大いに働かして仕事をしたほうがよい**と思っている。日常生活での危険察知能力をビジネスに使うという場合は、どういうケースがあり得るだろう。実にさまざまなケースが考えられる。

たとえば、意思決定の際に、勘を使用することはよくある。中小のオーナー企業はともかく、大企業でそんなバカなことはあり得ないと思うかもしれないが、実際には組織が大きくなればなるほど、理屈だけではものが決まらない。さまざまな思惑が存在する。

経営会議の承認や稟議でOKを得るとき、あるいは部門内部での承認を得るときに、馬鹿正直に書類だけ準備して、会議に臨むのは愚の骨頂である。そもそもこの案件には誰が賛成なのか、あるいは反対しているのは誰か、さらにはどんな疑問や不安をもっているだろうか。こうしたことに敏感でないと、現実の会議で痛い目に遭うことになる。

よくある話として、提案している部門の担当役員とはライバル関係にある別部門の役員が、提案内容自体についてはよいと思っていても反対するケースがある。その場合も、表だって反対してくれればまだわかりやすくてよいが、一見賛成を装いながら、いろいろと難癖をつけてくるケースなどもあって、混乱する。

したがって、自分が提案する場合は、自らの、あるいは、チームの感覚を研ぎ澄まして、一体どんなリスクがあり得るのかを見極めることが大事となる。まさに勘を働かせるのである。

同様なことは実行ステージでも起こりうる。組織決定したはずなのに、思うように進まない。原因として考えられるのは、やる気がないとか、あるいは想定以上に実施が困難であるとか、緊急を要する別件が発生するとか、いろいろあり得る。

営業改革を行なうときのことを考えてみよう。この改革の狙いは、取引代理店の数を減らし、ひとつの取引代理店の取扱量を増やすことで規模の経済性を発揮することにある。当然、全社的な見地からは大いに進めるべきであるが、一担当者としては自分の担当していた代理店が外されてしまうのはなんとか避けたいとも考える。そうなるとなんらかの理由をつけて、存在意義を強調したり、改革を遅らせるということがある。

あるいは、ある中小代理店のトップと、当社の元営業責任者の役員が古いつき合いがあって裏でつながっていたりすることもある。これらをすべて事前に調べ上げて、対応策を考えるのは不可能であるし、時間のムダである。

したがって、改革を推進する立場で実際に仕事を進める前にこの案件は途中で何か起きそうか、あるいはたぶん順調にいくだろうといった判断をしておくことがまず大事になる。さらに、実際進み出してからも、どこかに変調の兆しがないかを、軽く意識しておくことが大事になる。

もっと日常業務レベルの話としては、取引先の担当者が異動になったり、その上司が交代になったりした場合は、頭の中でアラート信号がチカチカする。そして、新しい担当者や上司についての情報を収集したり、実際に面談してみたりして、特別な対応が必要かどうかを判断する。

たとえば、会食に誘うとか、個別にじっくり話す機会をつくるとか、正攻法でうまくいかない場合はからめ手から攻めるなどの策をとることになる。間にどちらとも仲のよい第三者を介して親睦を図るなどである。

また、どうしても波長が合わない相手とは、相手側に自分のシンパを別につくるとか、逆に自社の中で相手に合うような新担当者を探すなどがあり得る。マニュアルに書かれているようなことでもないし、すべてのケースを場合分けして、ひとつずつチェックする話でもない。まさにこれまでの経験を駆使して勘を働かせるのである。

さらに生産現場などでも、品質管理上のデータだけでなく、なんか気になる兆候があれば、それはアラート信号かもしれない。たとえば、最近、人のケアレスミスが多いのは、労働環境やラインのスピードの問題ではなく、もしかしたら新製品の設計の問題かもしれないというように勘を働かせるわけである。

正しい答えよりも、うまくいきそうな案件を選ぶ

勘は危ないことを避ける場合だけでなく、なんか新しいことをやるかどうかを決めるのにも役立つ。

たとえば、新製品を発売するに当たって、競合と比べてほとんどの点で優れているという調査結果の出たA製品と、特定のセグメントにしか受け入れられない可能性が高いが、きわめてユニークなB製品、どちらを市場に出すかという判断を求められる

ことがある。

論理的に決めるのであれば、どちらの投資収益率（ＲＯＩ）が高いか、あるいは両者の成功確率を比較するなどの方法をとる。こちらはビジネススクールの卒業生や経営コンサルタントが得意な領域である。

ただ、実際にはこうした決め方より、経営者あるいは新製品に関する意思決定者がどちらのほうがよさそうかを判断して決めることが多い。

というのも、Ａ製品は手堅いかもしれないが、市場に大きなインパクトを与えられず、小さなヒットで終わってしまう可能性が高い。一方で、Ｂ製品は当たるか当たらないかはわからないが、ヒットした場合は新しい市場をつくる可能性がある。

野球で言えば、手堅くバントやヒット狙いでいくのか、それとも三振覚悟でホームランを狙いにいくのかといった違いであり、どちらがよいかは一概に決められるものではない。

こうした場合は、論理的に正しい選択をしようとするのではなく、うまくいきそうな選択肢を選ぶべきなのである。その際、経営者は長年の経験に基づく判断や勘、好き嫌いなどでものを決めることが多い。

4 人を動かすのは感情

実力者の「私は聞いていない」という発言

経営コンサルタント時代のことであるが、あるクライアント（顧客の顧客と区別するためにこう呼ぶ）企業に、我々の提案にどうしても納得してくれない役員がいて困ったことがある。そのクライアント企業では従来型の顧客のニーズを吸い上げてそれをもとに顧客に最適な商品を提案するという営業を行なっていた。これ自体は悪いことではないが、競合他社と差別化ができない上に、クライアントの顧客からは御用聞き営業のように思われてしまっていた。

そこで、我々の提案した内容は、もっとクライアントの顧客の業務を理解して、その顧客のその先の顧客にまで影響を及ぼすような商品を提案していく提案型営業が必要というものであった。

クライアントの企画部門と事務局のメンバーと我々のコンサルタントが一緒につくった提案で、すでにクライアント内部では納得済みの内容であるはずだった。また、営業部門においてもそれを実行すれば、成果があがりそうだという期待があった。

にもかかわらず、幹部が集まった意思決定の会議の場で営業の責任者が突然、反対を表明し、会議が紛糾してしまった。

運が悪かったことに、私がたまたまその会議に出席していなかった。彼からは「どうしてこんな重要な会議に内田がいないのだ」と非難するような発言も飛び出した。結局、その会議ではものが決まらずに、再度会議を開いて議論することになった。

ところが、再度開いた会議に私が出席し、前回の会議を欠席したことを詫びた上で、あらためて提案の趣旨を説明すると、彼は驚くほど簡単に賛成してくれたのである。

なぜ最初に反対したかと言えば、営業の役員がその話を心の底から納得していなかったからである。

ひとつには自分がこれまでやってきた営業スタイルとまるで違うので、そんなことをやってもうまくいくかわからないというのがあった。それ以上に、それは自分が出した意見ではないというのが一番大きい要素としてあったと思う。結果として、周りや部下から見れば「俺は聞いていない」という理由だけで反対しているように見えてしまった。

では、どうして2回目には納得してくれたのであろうか。ひとつには1回目と2回目の会議の間に私が彼と個人的に面談したということがある。もちろん、そこでは本質的な議論をしたというのもあるが、それ以上に自分の立場を認めてもらえたというのが大きい。要するに自分を外したところで物事が決まるのを彼のプライドが許さなかったということである。

これは、この営業責任者の人格というよりは、力のある人間によくありがちなことであり、そうした行為をとることが彼をして実力者であると周りに認めさせることにもなっている。したがって、こうした場合に大事なことは理屈（ロジック）を説明することではなく、この提案がまさにその役員がやりたい変革を実現するための手段であり、あなたにとって得する話ですよと言って、納得してもらうことにある。

相手の感情と理屈を因数分解する

一言で言えば、**人間はロジックで動かず、感情で動くのである。**これを、理屈が通らないのは仕事ができない人だと判断して、否定したり、避けたりして仕事を進めていくのはきわめて危険であり、わざわざ物事を難しくしてしまう。

したがって、まずやるべきことは、なぜ彼／彼女は納得しないのだろう、あるいは何が気に入らないのだろうということを見極めることである。

最初にやるべきことは、もちろんロジックでの検証である。自分たちの主張と彼の主張を比較して、相手に理がある、あるいは聞くべき意見をもっている場合にはロジックを突き合わせていけばよい。もちろん必要ならこちらの考えを修正する。

仮にロジックでは我々に分がある、あるいは彼の言っていることは理屈が成り立たないとした場合は、次のステップとして、どのような感情がそうした言動に結びつい

図表1-2｜相手の感情と理屈の因数分解

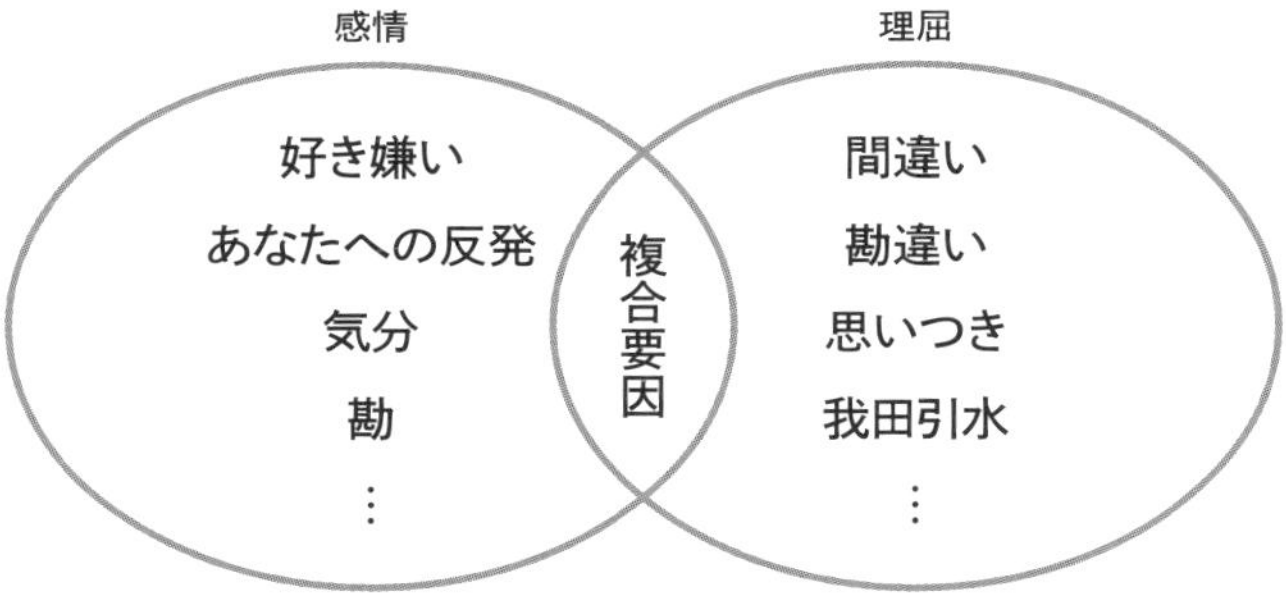

ているのかを見極めることである。

ここで注意すべき点は、こちらは感情と思っても、彼は理屈と思っている可能性があるということである。その場合は彼の頭の中の論理構造がどうなっているかを理解することが重要となる。**図表1－2**のような図を頭に思い浮かべて、彼の頭の中がどうなっているかを想像してみることが大切だ。

まず、わかりやすいのが純粋な感情の部分である。具体的には、次のようなものがあげられる。

▼提案そのものに対する好き嫌い
▼提案者に対する好き嫌い
▼「なんとなく」気に入らない、気分が乗

らない

▼「ちょっと待て」と勘が働いている

1番目の「提案そのものに対する好き嫌い」と、2番目の「提案者に対する好き嫌い」、たとえば、「あいつの言うことだけは……」というのは、たとえわかったとしても簡単に解決策は出てこない。しかしながら、問題点（論点）はクリアである。

一方で、3番目の「『なんとなく』気に入らない、気分が乗らない」は、その感情がどこから出てきているのかをはっきりさせることで対策が打てることがある。たとえば、案そのものが気に入らないのか、それとも提案のプロセスに引っかかりがあるのか、あるいは提案者が気に入らないのかなどによって、当然打ち手が違ってくる。

最後の**『ちょっと待て』と勘が働いている」状態は、こうした考えの相手をどうしようもないと切り捨ててしまうことがあるが、それではいけない。なぜかと言えば、彼の勘を働かせたもととなるものに大切な要素が含まれていることがあるからだ。**

したがって、私の場合は、相手が勘で話をしてきたらバカにせず、逆に相手に寄り添うようにする。まず相手の話をよく聞くようにする。

ひとつにはもしかしたら、自分が見落としている論点があるかもしれない。たとえば、実行時に現場に過度な負担がかかることを気にしている場合は、こちらの案をそのまま進めると現場が混乱して、実行段階でうまくいかないかもしれないと気づく。もうひとつには、相手が理屈でうまく説明できなくても、なぜその勘を重要視しているかを理解することで、相手を説得する糸口が見つかることがあるためである。

ある事業の撤退案に反対している最大の理由が、それによって仕事を奪われてしまう部下の将来に対する心配であり、この事業からなぜ撤退してはいけないかという理屈を編み出しているのかもしれない。そうであれば、その部下のための仕事を提案することが解につながるかもしれないということになる。

ここまでは感情の話であるが、もう一方で、こちらから見て明らかにおかしい、あるいは理解できない理屈を持ち出されることもよくある。こちらもいくつかのパターンに分けられる。

▼間違っている理屈、勘違いの理屈を持ち出す

▼思いつきのロジックを持ち出す
▼自分を正当化するために我田引水の理屈を持ち出す

1番目は理屈がおかしいのであるから、相手の感情を害さずにうまく説明できれば、こちらの言うことを理解してもらえる可能性が高い。

2番目は、思いつきのロジックであるから、まったくでたらめの場合もあれば、一部なるほどなという場合もある。これも相手が自分で気づくように仕向けることで解決する可能性はある。

難しいのは3番目である。相手は、こちらの言うことに反対であるから、それを正当化するために理論武装する。当然、自分があっていて、相手が間違っていると信じ込んでいる。これをこちらが正しいと真っ向から主張すると相手を全否定することになりかねないので要注意だ。場合によっては、自分に間違いがあるとわかっていても理屈をこねるケースすらあり得る。

相手を説得し動いてもらうためには、相手が何を考え、どう感じているのかをきちんと理解することがカギとなる。ここではそれを感情と理屈の因数分解と呼んでおく。

大事なことは相手がこちらの言っていることや提案に対して、感情ではどう思っているのか、さらに理屈、すなわちロジックではどうなのかを両面で理解することである。感情でも反対であり、理屈でも反対の場合、逆に感情では反対だが理屈では賛成の場合、感情では賛成だが理屈がついていっていない場合など、さまざま考えられる。

たとえば、先に紹介した「どうしてこんな重要な会議に内田がいないのだ」と発言して、営業改革に反対した営業責任者を因数分解してみよう。自分を外したところで決めて「気に入らない」という感情、そして、いままでとまるで違う営業スタイルはうまくいかないという理屈、つまり、反対するために思いついたようなロジックをもっていたはずだ。感情の部分が反対の理由の大きな部分を占め、理屈の部分は小さい。理屈は感情から生まれたものでもあろうから複合している部分もある。こうした場合は、まず感情の部分にアプローチするのが、解決への第一歩になる。

第2章
右脳の使い方

1 仕事は3つのステージで成り立つ

第1章で、左脳を使うのが重要と言われているビジネスにおいても、右脳を使う必要がある状況があることがわかったと思う。それでは右脳をどこでどう使うのかを解説しよう。まず、仕事をする上でのプロセスから解説する。

インプットを検討・分析し、アウトプットする

みなさんが仕事で何かの問題を解決する状況を想像してほしい。

図表2-1｜仕事の流れ

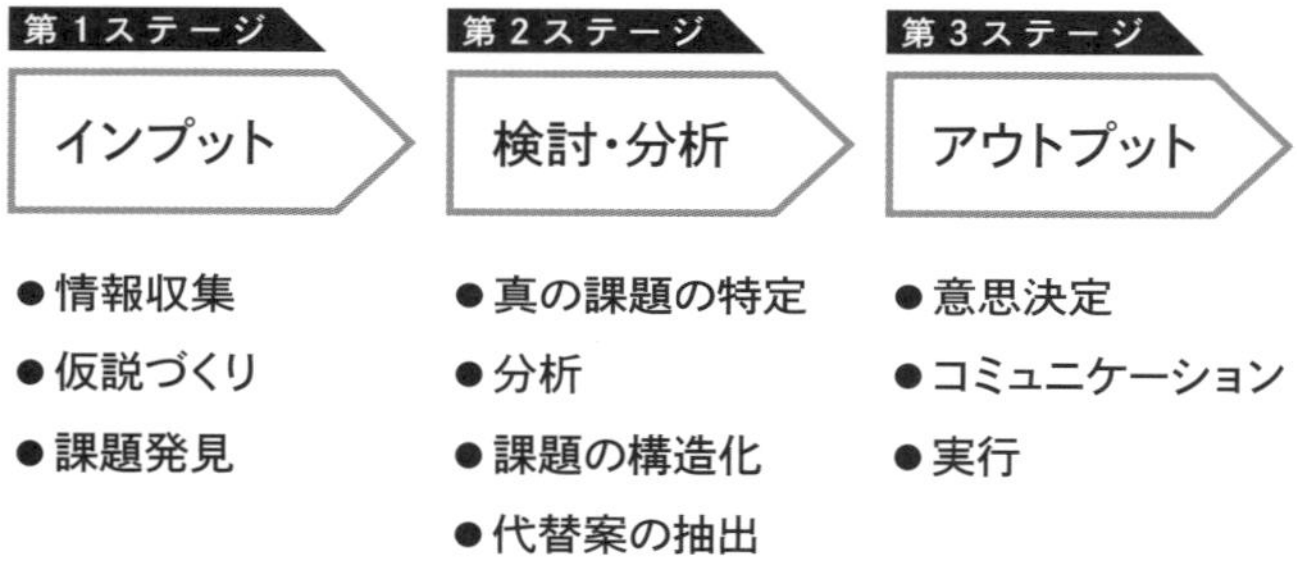

仕事で何か問題が起きたとき、課題を明らかにして解決策を策定し、実行に移す。しかし、いきなり解決策は生まれない。そのために準備作業が必要である。

これを図に沿って説明しよう（図表2-1）。まず、最初のステージで、そもそも問題がなぜ起こったのかを調査し、そこにはどんな課題が存在するかを整理するプロセスがある。現状分析や情報収集、あるいは課題に対する仮説づくりが主な仕事となる。これをインプットステージと呼ぶ。

次にやるべきことは、見つかったいくつかの課題の中から何が真の課題であるかを明らかにすることだ。そのために情報を分析したり、課題を整理、方向づけしたり、意思決定を行なう前段階として代替案（解決策）を整理する。これを検討・分析ステージと呼ぶ。最後のステージが、前段階で抽出された代替案を採用するのか、しないのかを決める、あるいは複数ある代替案の中からどれを選ぶかを決める、意思決定である。その決定に基づき、組織内にどのように伝えるべきか、あるいは外部の顧客や取引先にどう伝えていくかを考え、実際にコミュニケーションをとる。加えて、実際のアクションをとって問題解決を図っていく。実行である。これらをまとめてアウトプットステージと呼ぶ。

右脳と左脳は交互に使う

のちほど、くわしく説明するが、インプットステージとアウトプットステージでは右脳がきわめて重要な役割を果たす。一方で、検討・分析ステージでは左脳で考えるロジカルシンキングがカギを握る。**頭の使い方としては、右脳から始まり、左脳を使い、右脳に戻るという形になる。つまり、左脳を右脳でサンドイッチする形になる。**それぞれのステージを見ていこう。

問題発見は右脳が出発点

最初のインプットステージである問題把握、あるいは課題発見で大事なことは、事実確認である。もちろん、データをながめて問題を発見するという方法もあるが、多くの場合は現場を見たり、従業員の士気に課題があったり、あるいは顧客の行動に疑問を感じたりと、個人の感覚が出発点となるケースが多い。

すなわち右脳の世界である。内田流に言えば、観《かん》・感《かん》・勘《かん》を使うことである。まず、観察することが観、次いでそこから何か感じ取ることの感、最後に「なんかおかしい」あるいは「これは面白い」と働く勘、この3つのカンである。

解決案は左脳で考える

次の検討・分析ステージは、インプットした中から何が真の課題かを見出し、それに対する解決策を策定するプロセスである。一般的には仕事で最も大事と思われているステージだ。こちらは分析や考察、あるいは考えた戦略・代替案（解決策）の評価などが骨子であるから、いわゆるロジカルシンキングが重要となる。

なぜならば課題の整理のために行なわれる業務は、たとえば本当の課題は何かを抽出するためのデータ分析、複数存在する課題を大小関係や関連づけを考えて構造化する、あるいは全体に課題をもれなくカバーできているかのチェックなど、どれもロジカルシンキングの教科書[*]には必ず出てくるような作業ばかりである。一定の訓練を積めば、多くの人ができるようになる作業だ。

決定し、実行に移していくのは右脳が中心

検討・分析ステージで導き出された代替案（解決策）を採用するのか、あるいは採用しないのか、さらには複数出てきた代替案（解決策）の選択肢の中からどれを採用するかを決める、すなわち意思決定はきわめて右脳的な判断によって決める。もちろん、検討・分析ステージで合理的に導き出された結論に心から納得できるのであれば、決めるのは簡単だ。

ところが往々にして、出てきた答えをそのまま実行するには勇気が必要であるとか、逆にしっくりこないとか、違った選択肢を選びたいとか、悩ましい問題がさまざま発

＊ロジカルシンキングの実践方法については、すでに私の著書『仮説思考』『論点思考』（以上、東洋経済新報社）にくわしく述べているので、そちらにゆずりたい。

生する。それをエイヤーと決めるのは人間の右脳である。

実行段階については、あなたの想像以上に右脳が大切になる。なぜならば、人は理屈では動かず、感情で動くからだ。

そのため、人を動かしたり、組織を動かしたりするためには、まず相手がロジックを理解する以上に、感覚で納得する必要がある。コンサルティング業界では、「腹落ち」という言葉をよく使うが、「理屈はもちろん、感覚で大いに納得している状態」のことを指す。

腹落ちさせるためには、まず相手に実行させたいと考えていることに対して、相手がどう思っているのかを理解する必要がある。これはまさに右脳で感じとる世界である。仮に納得していないとすれば、何が引っかかっているのか、あるいは、どうしたら納得してもらえるのかを考える。これは左脳で考える。次に実際に納得してもらうためには、彼らの感情すなわち右脳に働きかける必要がある。

こうした一連のプロセス（3つのステージ）を経て、人ははじめて行動に移す。

簡単に言ってしまえば、最初に右脳を働かせ、次に左脳で考え、最後に再び右脳を活用するというプロセスを踏むことで、物事が前に進む。いわば真ん中の2番目のステージで中心的役割を担う左脳の思考法を、1番目と3番目のステージで使う右脳がサンドイッチする構造になっている。

2 右脳と左脳をどう使い分けるか

インプットステージ

「情報収集」と「仮説づくり」は渾然一体となって進む

『仮説思考』でも取り上げたが、問題解決のために「答えの仮説」を考えることがよく求められる。

そのときに、データ、あるいはそれを加工した分析結果から仮説を出すのはまさにロジカルシンキングであり、左脳思考そのものである。一方で、なんの根拠もなく突然ひらめくのは右脳思考の最たるものである。現実には、仮説を立てるのはその両極端の間のどこかであることが普通だ。

たとえば、ボストン コンサルティング グループ（BCG）のコンサルタントにどんなときに仮説を思いつくかと聞いた際に、一番多かったのはディスカッションからであった。自分ひとりで思いつくわけでもなければ、他人から教えられるわけでもない。ディスカッションしているうちに、自分の考えが整理されたり、他人の話の中にヒントがあったりするわけである。これも、自分の問題意識を何かが刺激したときに、ぱっとひらめくというのが最も多いだろう。これは左脳が働いて論理的に導き出されるものではなく、右脳で思いつく代表例である。

一方、顧客インタビューやフィールドインタビューから仮説を思いつくコンサルタントも多い。顧客インタビューにおいて、何が問題なのかなと考えながら話を聞くと、自然と自分の仮説らしきものを相手にぶつけることになる。もちろん、意識して、確認のために聞く場合もあれば、無意識に自分で仮説らしきものをもっていて、それをぶつける場合もある。

フィールドインタビュー（現場インタビュー）もまったく同様である。売上げ不振でうまくいっていない商品の原因を探るために販売の現場を見て回ることはよくある。もちろん、あらかじめ売上げ不振の理由は、「自社の商品が競合の商品に比べて、小売店の棚に置いてもらっていない。そのために消費者の目にとまる割合が低く、負けているのではないか」等の仮説をもって現場に行く。ところが、実際に行ってみると、小売店の棚には他社と同じようにたくさん並んでいる。それにもかかわらず、競合に負けているとなると、それは何が原因かとあらためて新しい仮説を考えることになる。

たとえば、棚以外の場所で売っている特売の売上げが他社は多いのかもしれない。あるいは、従来の小売店ではなく、ドラッグストアやアウトレットなど、これまで自社が注力していなかったチャネルが台頭しているせいかもしれないなどと、さまざまな可能性を思いつくことになる。

このように考えるのは、自分の引き出しの中にあるいくつもの可能性の中から、これではないかというのを引っ張り出してくれるので、ロジカルというよりは感覚、すなわち右脳の世界である。

トヨタ自動車では、「現地・現物」という考え方が浸透していて、「者に聞くな、物に聞け」ということがよく言われているそうだ。これは極端すぎるとは思うが、現場の人から聞いたことと、立場の違うマネジャーやコンサルタントが現場で見て理解することには、乖離があるのは珍しいことではない。現場で情報収集することで、クライアント側の社員へのインタビューとは違った別の仮説が浮かび上がってくることもある。

情報収集と仮説づくりは**図表2-1**では箇条書きで別物のように併記しているが、実際には、渾然一体となって進む。

また、ロジカルシンキングの代表例と思われるデータ分析でも右脳思考が求められることがある。たとえば、小売店で日ごとの売上データを見て、特定の日にちの売上げが特に多くなっていることがわかったとしよう。

その理由がなんなのかを考えるときに、日頃店先で顧客を観察しているとやけに若い人が連れ立って同じ時間帯にやってくる日がある。その日と関係があるのではないかとひらめく（右脳思考）わけである。

そして、もちろん、そこから先はロジカル（左脳思考）に考えてみると店の少し先にライブハウスがあって、そこでイベントがある日が店の売上げの多い日であるとわかる。そうなれば、そのイベント開催日を調べて、その日には若者向けの商品の仕入れを増やし、店先や入り口近くに展示する等の解決策を考えることができる。

課題発見では「エイヤー」で「とりあえず」を見つける

右脳は、答えを見つける場合はもちろん、課題を発見するときにも重要となる。企業や組織が大きな問題点を抱えているときに、真の問題があらかじめわかっていることは少ない。というのも、それがもしわかっていれば、すでになんらかの手が打たれているはずだからだ。

たとえば、生産段階で品質不良の問題が起きているとしよう。それが材料の不良が原因だったという場合である。当然、部品メーカーに改善を要求するとか、代わりの仕入れ先を確保するなどの手を打っているはずである。

あるいは、競合に新製品開発で先を越されて、シェアを奪われた場合である。当然、製品力で負けていることが問題なので、自社も新製品開発に力を入れる。

また、特定の地域での売上シェアが激減しているが、それを担当している支店で支店長のリーダーシップに問題があり、支店の従業員同士がいがみ合っている。この場合は、支店長を指導するか、更迭して新しいリーダーをもってくればよい。

しかしながら、企業を経営し、組織を率いていて難しいのは、問題が起きているのは明らかなのだが、何が原因であるかがわからない場合である。あるいは複数の要因が組み合わさっているために、どれが最も重要な原因かはっきりしない場合である。

こうした場合はロジカルに答えを出そうとしても、変数の数より式の数が少ない連立方程式のように答えが見つからない。その場合は、たぶんこれが答えだろうと仮の答えを考えてから問題に当てはめてみるほうがよい。その仮の答えを定めるには勘が必要となる。

ちょうど、クロスワードパズルや数独を解くときに似ている。いくつかの文字や2つ以上の数字が入る可能性がある。その周りを埋めて、なんとか論理的に答えを出そうとしても、行き詰まったり、とても時間がかかったりすることがある。

こうした場合は、間違っているかもしれないが、先にどちらかの文字か数字が答えだと信じて問題を解いていくほうが早いことがある。もちろん、「エイヤー」とやるわけであるが、これも試行錯誤を繰り返して経験を積むと、最初から正解を出せる可能性が高まる。

真の課題を特定するのは次の検討・分析ステージで行なうとして、ここでは、重要と思われる課題を探し出していく。

検討・分析ステージ

ここは当然のことながら左脳中心の仕事となる。たとえば、課題をリストアップして、重要なものとそうでないものにロジカルに区分けをしていく。基準が売上高、あるいは利益に影響を与えるインパクトなど定量的なものであれば、ロジカルに考えやすい。もちろん、組織の課題やモチベーションの問題などは数字で直接表すことが難しい。しかし、いくつかのカテゴリーに分類する、あるいは、アンケートやインタビューで数量化してみることは可能だ。

さらに課題を答えが「わかっていること」と「わからないこと」に仕分けすることができる。もちろん、それぞれの課題がどのように結びついているのかを紐解いて、構造化することもよく行なわれる。いずれも数字やロジックを駆使して整理をしていく世界だ。

アウトプットステージ

意思決定時には「なんかおかしい」という感覚を大事にする

企業経営において大事なことは、問題を見つけ、答えを考えて意思決定し、最後にそれを実行することである。これは会社全体では言うに及ばず、部や課・チームなどでもまったく同じであり、最終的には個人で仕事を進める上でも当てはまる。

その中でも**意思決定は左脳で考えて、ロジカル（論理的）に行なうことが最も大事であると教わる。私は、今回その考え方にあえて異を唱える。**意思決定する際にも、プライベートで行なうのと同じように、これは「やばそう」であるとか、「これなら大丈夫だろう」、あるいは「これが好き」であるといった要素を大いに加味すべきと考える。

もちろん、ロジカルに導き出された結論になんの違和感もなく、その通りと思う場合は、それでもかまわない。しかし、実際に仕事をしていくと、「理屈ではそうだけど、なんかおかしい」、あるいは「それは答えではなく、本当はこちらが答えではないか」と思うことがしばしばある。それを理屈に合わないから、採用しないというのではなく、なぜそう思うのかをあらためてよく考えてみることを勧める。そして、感覚で思ったことを、理屈で説明できたとすれば、その感覚は正しかったということになる。

人間が本来もっている、「うまく説明できないが、なぜかそう思う」という感覚を、繰り返し意思決定に取り入れることで、次第に間違いが少なくなっていけば、意思決定の質を高めることになる。

コミュニケーションの極意は「理屈通りにいかない」と心得ること

すでに第1章でも述べたように、仕事だからといって人がロジカルに動くとはかぎらない。極論を言えば、仕事においても人はロジックより感情でものを考え、判断する。

プライベートでは、やるのが嫌なことがあった場合に、本来ならば一番にやるべきことを後回しにして別のことをやってしまうというようなことは、特に珍しいことではない。たとえば、本当はもっと野菜をとったほうがよいのに肉や魚ばかり食べてしまうとか、あるいは少し勉強してから、または仕事を片づけてから、遊んだほうがよいのに先に遊んでしまう。そんな場合は、しょうがないなとか、子どもだなと思うことはあっても、あくまで理屈通りにやるべきと説教することは少ない。

ところが、同じ人間が仕事においては、理屈通りやらないといけない、ましてや他人を巻き込んでやるような仕事で好き嫌いを持ち込む、易きに流れるのは言語道断であると思い込む。しかし実際には、人間にも仕事にも好き嫌いがある、楽をしたい・嫌いなことはやりたくない、後回しにしたい、好きな奴と働きたいという気持ちがあるというのは当然である。これをいくらおかしいと言ったところで、仕事は人間によって行なわれるので、人の気持ちを理解しながら進めたほうがスムーズにいく。

その際に、仕事に関わっている人間、たとえばお客さん、あるいは上司、チームメンバー、部下、さらに協力会社などがどんな気持ちで働いているかは理屈ではなく、感覚でつかむしかない。まさに右脳の世界である。

経営コンサルティングの仕事をしていて気をつけないといけないのは、時と場合によってはクライアントの言葉を額面通り受け取らないほうがいいということである。

たとえば、クライアントが「もし我が社、あるいは私に悪いことがあったらなんでも指摘してください」と言うことがよくある。真に受けて、明らかに当事者に問題があったときに、それをそのまま伝えると、クライアントが気を悪くしたり、場合によってはトラブルになったりすることがある。要するに、そのクライアントの発言は、「私がやってきたことを全面否定しないかぎり、何を言ってもかまいません」、あるいは「私の地位を脅かすことがなければ何を言ってくれても受け入れる覚悟がありま す」という意味であることが多い。若いうちは、そうしたことがよくわからないので、見つけた問題をそのまま指摘して、クライアントの不興を買い、そのプロジェクトが前に進まなくなった経験が私には何度もある。

これは何も、クライアントに真実を伝えないということではない。どうしたら、こちらのメッセージを理解してもらって、どのようにしてよい方向へ進むかをあらかじめ考えた上で、発言するということである。

実行のコツは感情に働きかけること

人がロジックでは動かないことをすでに述べてきたが、そうだとすれば人の右脳に働きかけることが人を動かすコツということになる。

いままでと異なる仕事の進め方を推進する場合、あるいはいままでやったことがないことに挑戦する場合、当然従来の仕事のやり方に対する執着や新しいやり方に対する不安が生じ、簡単に進まない。理屈では、それをやるべきと思っていても気が乗らないこともあれば、そもそもそんなやり方でうまくいくのかと疑問をもっているために簡単に進まないこともある。

こうした状況で、さらに理屈をこねたり、やらない理由を問い詰めたりしてもろくなことはない。理屈は聞き流されるか、もっともらしい反論を呼ぶだけである。だとしたら、理屈（ロジック）で押すのではなく、感情（右脳）で攻めるのがよい。

たとえば、どうしても改革案に納得してもらえないとき、なぜやらなければいけないかを理屈で説くより、これをやらないとどんなに評判が落ちるかをわかりやすく説明したほうがよほどうまくいくことがある。なぜなら、やることへの不安や懸念が行動をためらわせているとしたら、やらないともっとひどいことになると、そちらの不安を煽《あお》ったほうがよほど人は動く。

3 個別の問題ではなく問題全体を捉える

論理的に考えても「真の課題」が見つからない場合

ビジネスのプロセスで言えば、インプットステージから検討・分析ステージに当たる「問題発見・解決」の場面で、右脳をどのように使うのか、具体的に検討してみよう。

たとえば、年々売上げが下がっている食品メーカーの社員だとしよう。食品業界全体で需要は停滞しており、成熟市場と言える。

しかし、その中でA社のように売上げを伸ばしている企業もあれば、我が社のように売上げを落としている企業もある。扱っている商品分野もほぼ同じであり、消費者から見たときのブランド力も大きく変わらない。

たとえて言えば、サントリー、キリンビール、アサヒビールのように、知名度はほとんど変わらず、ブランドの差はわずかな違いしかない。また、価格に関しても、両社の間に大きな違いはない。A社との違いをあげると、ひとつはチャネルの違いがある。A社が早くからCVS（コンビニエンスストア、通称コンビニ）チャネルに力を入れているのに対して、我が社はスーパーマーケット（スーパー）中心である。しかし、我が社も近年CVSチャネルに力を入れ、CVS向け商品を開発するなど差は縮まっている。

別の違いとしては、我が社はどちらかと言えば、ファミリー向けロングセラーの定番商品に強く、小売店の陳列スペースを押さえ、地道な販売促進活動が得意である。それに対して、A社は新商品開発に力を入れており、毎年数多くの新商品を市場に出し、そのためテレビCMなどもかなり力を入れて実施している（図表2-2）。

図表2-2｜競合とのマーケティング戦略比較

	自社	競合A社
商品	定番商品中心	新商品開発に注力
容量	ファミリー向け大容量	主力は小容量包装
価格帯	300円	100〜200円
1g当たり単価	安い	高い
プロモーション	営業マンによる販促活動	テレビCM中心
主要チャネル	スーパー	スーパー&コンビニ

こうした中で、何が本当の原因であるかを考えるとき、「商品」「容量」「価格帯」……など、1つひとつの論点をロジカルに比較して検証するという左脳的なアプローチでは答えが見つからないことが多い。たとえば競合との商品力を比較して、勝ち負けを分析する。あるいは消費者調査をして、大容量パックと小容量のどちらに魅力を感じるかを調べるといったたぐいの話である。

そんなときに、商品戦略とチャネル戦略のミスマッチの問題ではないかとひらめくことがある。

すると、1つひとつの施策に問題があるのではなく、全体として整合性がとれていないことがわかる。自社の商品展開のやり方はスーパーマーケットが主力チャネルであればきわめて合理的な戦略だが、コンビニを対象としたときには不適合を起こしている。こうした全体として何か違っているのではないかという問題意識は、通常のロジカルシンキングではなかなか出てこないので、常日頃勘を磨いておく必要がある。その方法については第6章で述べる。

「エイヤー」で解決策の仮説を立ててみる

この食品会社の事例で言えば、解決策は商品、チャネル、プロモーションといった個別の施策をやり直すことではなく、全体で整合性のとれた施策を見直すことである。ひとつは、「成長しているCVSチャネル向けにつくり直す」といったことになるだろう。これは論理的に考えてというよりは「エイヤー」で仮説を立てることになる。その後、そのための新商品も必要だろうし、販促の仕方も変えなくてはならない。CVSに置いてもらうには、「テレビCM」が必須と言われているが、本当にテレビCMが必要なのか。地道な販売促進活動ではなく、「売れる・売れない」にかかわらずコストのかかる広告・宣伝活動にも力を入れなければならない。そのコストはどうするのか。個別の施策では左脳で考えるべき問題が出てくる。

もうひとつは、「主要チャネルであるスーパーでさらに売上げを伸ばす方法を考える」ことになる。ファミリー向けのロングセラーの定番商品は、ライフスタイル、高齢化、世代交代による嗜好の変化などによって、商品愛好者が減っていく。こうした変化に対応するために定番商品を少し「新しく」するにとどめるか、あるいは、増えていくセグメントに向けて新・定番商品にチャレンジするか。さらに、プロモーションも従来の営業マンによる販促活動よりも、新しい味を知ってもらうために試食販売員の派遣に力を入れるべきなのか。さまざまな解決策の仮説が生まれてくるはずだ。こうした個別の問題を検討するのはやはり左脳となる。

4 意思決定の最後の決め手は勘

仕事のアウトプットステージの意思決定こそは、ロジカルシンキングと考える人も多いだろう。

さまざまな選択肢をロジカルに分析し、考えた結果、A案とB案が残ったとしよう。言うまでもないが、ビジネスは学校で習う数学と違って正解がない世界。**大半の意思決定は、ゼロイチではなく、ある側面ではA案がよいが、別の側面ではB案がよいといった、トレードオフがあるものだ。**

それを決めるのは、時として理屈より勘である。ただし、単なる山勘ではなく、経験に基づく成功確率の高い勘を意味する。

通販大手のアスクルの岩田《いわた》彰一郎《しょういちろう》社長からこんな話を聞いたことがある。

アスクルは元々文房具メーカー兼卸業のプラスの社内ベンチャー企業から独立した企業である。したがって開業当初は、プラス製品あるいはアスクルのプライベートブランドのみを扱っていた。顧客からどうしてキングジムのファイルを扱わないのかと問い合わせがあったときも、同等以上の自社製品があるので、そちらを薦めていた。顧客は、こちらの説得に応じて、いったんは自社製品を買ってくれるが、その顧客は二度とアスクルには戻ってこなかったそうである。

そこで岩田社長は「他社の商品も扱おう！」と思った。自分たちは文具メーカープラスの子会社である。ライバルの製品を売ることは理にかなっていない。しかし、顧客が望んでいるのであれば、それを売ったほうがネット小売企業としては正しいのではないか。もちろん、親会社からは当初反対されたそうであるが、顧客の立場に立つ企業が最後は勝利するという信念で競合の製品を売り出すようになった。そのため親会社製品がアスクルの総売上に占める割合は落ちはしたが、総売上が大幅に伸びたために、結果としては親会社の製品も従来以上にたくさん売れるようになったそうである。

物事を決めるに当たって、勘は重要であるが、一方で勘だけに頼ってよいのかという疑問もある。そこで、実際の意思決定に当たっては、自分の勘で考えた答えを別の切り口から検証するプロセスがあるとよい。

たとえば、直感で選んだほうとは別の道を選ぶとどんなことが起きそうか、あるいは嫌だなと思ったほうは、なぜ嫌なのかを多角的に検討してみる。こうしたことを自分の過去の経験（成功体験・失敗体験）と照らし合わせる。あるいは、自社での事例や他の業界で似たことがないか、思いを巡らせるのだ。

5 会議・議論のマネジメントに使う

4つのステップで反応——理屈で反論する前に

アウトプットステージで特に必要になる能力が、会議・議論のマネジメントであろう。このマネジメント能力は何も会議の司会者のみに必要になるのではない。提案者として出席した場合にも必要になる。

会議などで、提案に対して反対意見を言う人や、まったく議論に関係ない発言をしてしまう人、あるいはすでに決まったことや終わったことを蒸し返す人などは大勢いる。こういう困った人に対応する場合、右脳が有効だ。

困った人に対して、ロジカルな発言で、なんとか説得しようとしていないだろうか。この反論の仕方は、力のある人や役職の上位の人がとりがちな行動であるが、後に禍根を残すことが多い。なぜならば、そこでいったん退いた人も心の底から納得したというよりは、言いくるめられた、あるいは、うまく反論できなかったけれど、本当は違うと思うなどの感情が残ってしまう。結局、実行段階でスムーズにものごとが進まない原因となる。

一方で、議論が得意でない人や、立場が下の人が筋の通った意見を述べても、困った人に理屈にならない理屈でやり込められてしまう。たとえば、次のような発言が代表例である。

「そんなこともわからないのか」
「それはうちではうまくいかないと決まっているのだ」
「いいからここは俺に任せておけ」

「その案でいくなら、俺は辞める」
「うまくいくとは思えない」

こうした状況ではいきなり理屈で反論するのは止めたほうがよい。反応する前に次の4つのステップで議論や商談を進めるとよい。

ステップ①左脳で（論理的に）文字通りに何を言っているか理解する
ステップ②右脳（直感）で発言の「真の意図」をつかむ
ステップ③右脳（直感）で何をどのように答えればよいか理解する
ステップ④左脳で（論理的に）どのように伝えればよいかを考える

ステップ① 左脳で文字通りに何を言っているか理解する

発言者の内容を文字通り理解する。比較的容易なプロセスである。先入観なしに相手の発言の内容を理解すればよい。時に、話が長くなったり、行ったり来たりして、話している本人がわからなくなる場合もあるが、客観的に何を言いたいのかを解釈してあげればよい。

たとえば、ある案に反対していると思われるケースでも、その案に反対であると言っているのか、あるいは反対はしないが、懸念事項があると表明しているのか。そして、それを払拭できなければ先に進めないと言っているのかである。

まずは文法的に何を言っているのかを理解する。この段階では、本心はわからない。

ステップ② 右脳で発言の「真の意図」をつかむ

コーチングの専門家の本間正人《ほんままさと》さんに教わった事例を紹介しよう。

飲んで夜遅く家に帰って、奥さんに「いま何時だと思っているの?」と言われたときに、文字通り「いま、1時です」と答えたら火に油を注ぐ。「こんなに遅い時間まで、家のことをほったらかしにしてどこで遊んでいたの。私は怒っています」というのが、奥さんからの真のメッセージだ。

このエピソードからもわかるように、人間の発言には文字通りの意味以外の意味が込められていることが多い。

仕事でもまったく同様である。こちらの発言に、「さすが内田君、いいこと言うね」

とおだてられて、その気になるのは危険である。場合によっては「若いくせに生意気を言うんじゃない」という意味が込められていたりする。

また、こちらの提案に「まだまだ、検討が不十分だから、もっと詳細を詰めてから、必要であれば再度提案してください」という言葉は、多くの場合、「俺は、この案は気に入らない」と同意義である。

「どのあたりがいいのでしょうか」「どのあたりが不十分なのでしょうか」と聞いても、本当のところを教えてもらえることはない。発言している本人が意識しているのであればよいのだが、ほとんどの場合は無意識に発言している。したがって、発言の「本当の意味」を尋ねたところで教えてもらえることはまずない。

そうだとすれば、こちらから相手の発言の本当の意図、あるいは隠された意図を推測するしかない。それに対応するようにすれば、会話がスムーズにいき、相手が満足することが多いのは当然である。

ステップ③ 右脳で何をどのように答えればよいか理解する

このステップでは、相手に伝えることを考える。

「まだまだ、検討が不十分だから、もっと詳細を詰めてから、必要であれば再度提案が必要では？」と言われたとしよう。真の意図が「理屈では納得しているのだが、感情がその案には納得していない」のであれば、いくら正しいロジックを展開してもうまくいかない。その場合は、**ロジックで説き伏せるのではなく、相手の立場を尊重するような、あるいは不安を払拭するようなメッセージを送る**ことを考える。

一方、「こちらの案に対して理屈で納得していない」というのが真のメッセージであれば、左脳を使ってきちんと理屈で説得するアプローチと、逆に感情に訴えてしょうがないなと思ってもらうアプローチの2通りの作戦があり得る。

ステップ④ 左脳でどのように伝えればよいかを考える

相手の気持ちを理解した上で、何をどのように答えればよいかを決めたとしたら、伝え方を考える。左脳を使って論理的な言葉・文章として展開して、こちらの「真の意図」をわかりやすく伝えるのが基本だ。もちろん、そこには感情をたっぷり込める場合もあれば、淡々とこなす場合もある。さらに、その場で即答するのか、やや間をおいて答えるのか、会議の後に時間をとって答えるのか、最後に答えにどんなメッセージを込めるかを決めた段階で、自ずと演じる言い方は決まってくる。

「分析が不十分」と言われて、どう対応する？

会議・議論でよくある発言を例にとって、具体的にどうマネジメントしていくかを見ていこう。たとえば、会議で新製品の発売に関する重要な提案を行なったときに、こんなことを言う人がいたとする。

「言いたいことはわかったが、3番目の資料の競合分析が不十分ではないか。競合から似たような商品が出てくる可能性があるのではないか」

この場合は「①左脳で（論理的に）文字通りに何を言っているか理解する」のは難しくない。しかし、「②右脳（直感）で発言の真の意図をつかむ」のは慎重に行なったほうがよい。ここでは4つぐらいのケースが考えられるだろう。

A　一番多いケースは、この提案が気に入らないが、うまく論破できないので、別の切り口から文句をつけてきたというケースである
B　自分が優秀であるということを会議の他の参加者に伝えるために、他のメンバーが気づかない点も自分は気がついていると主張している
C　いつも会議で関係ない発言をして周りからはひんしゅくを買っているのに、自分では貢献していると思っている
D　この提案に賛成で、ぜひやりたいと思っているのだが、このままやって大丈夫かと心配しており、念のために競合のことを聞いている

Aの場合は、「なぜ、そんなことをおっしゃるのでしょうか。十分に検討したはずです。競合についてはすでに検討済みで、前回の会議でも説明した通りですが、念のためにもう一度やりましょうか」とロジカルに迫っていけばよい。あるいは、その人が意思決定に関わる重要人物であれば、「おっしゃることはもっともですので、すでに競合について調べてある資料をお持ちして説明にあがります」と理解を求めるプロセスに入っていく。

Ｂの場合は、「さすがですね。でも、その点については十分検討してありますので、必要であれば説明しましょう」と受け流す。

Ｃの場合は、まともに取り合っているのは時間のムダであり、下手に対応していると他のメンバーからもバカにされてしまう。したがって、ぴしゃりと「関係のない発言だと思いますので、次に進ませてください」と切り捨ててしまう。こうした人物が意思決定に関わるとしたら、参加者全員が不幸である。この場合、発言者の気持ちではなく、他の参加者の気持ちを大切にする。

Ｄの場合は、提案の賛同者であるから、丁寧に対応する。「おっしゃることはもっともですので、どのあたりが気になるか、もう少しくわしく聞かせていただけますか」と歩み寄って、相手の不安を解消すべく、一緒になって考えますという姿勢を見せる。

相手が話し終える頃には「伝える内容」は考えておく

ただし、それぞれのステップに時間をかけてはダメだ。相手の発言が終わる頃までにステップ③まで進んでいるのが理想だ。そのためには、日頃からこうした思考法を実践してみて、引き出しを増やしておくことが大切となる。

もうおわかりだと思うが、先に出した、酒を飲み歩いて遅く帰ってきた場合の奥さんの「いま何時だと思っているの？」に対する対応はこのプロセスで考えないと、痛い目に遭う。

私であれば、②のステップで相当怒っているな、したがって、③のステップで理屈を述べてはいけない、とにかくひたすら謝ろうと決める。そして④で、「ごめんなさい。もう二度としません」、あるいは「ごめんなさい。今度遅くなるときは必ず前もって連絡します」と答える。

6 変革の必要性を訴えるとき

不安・不満を解消し、安心感を与える

会議の話に続いて、改革を実行し始めるときの例を考えてみよう。アウトプットステージにおいて、コミュニケーションから実行に移る段階である。

たとえば、工場の生産現場で、いままでは少品種を大量生産するために、生産ラインのスピードを上げることに注力してきたとする。それが顧客ニーズの多様化に対応

したい会社が戦略転換を図り、同じラインで異なる製品をできるだけたくさんつくるという、これまでとは大きく異なる生産プロセスに変更するケースを考えてみよう。

現在の生産プロセスに慣れている現場社員から見れば、新しいやり方に対する不安があるだろう。異なる製品が次から次へ来るということは神経をすり減らすことになるのではないか、自分はうまく対応できるだろうか、労働強化につながるのではないかなどである。一方で、せっかく効率アップのコツをつかんで、さらに上を目指そうと張り切って努力していたのがムダになってしまうという思いかもしれない。

現場のリーダーにしても、同一製品の大量生産であれば、効率を計るのも簡単で、1時間当たりにいくつつくれるか、あるいはそのときの不良品率はどれくらいかがすぐ算出できるし、過去とも比較しやすい。

▼新しいやり方は本当に機能するのだろうか
▼同じラインに異なる製品が流れてきて、工員たちはうまく対応できるのだろうか
▼工員の不手際のためにしょっちゅうラインが止まることになっては困る。さらには不良品の山になってしまわないか

こうした不安や不満や、現状へのこだわりの結果、本社や本部が決めた新戦略がなかなか実行されない、あるいは予想以上の抵抗に遭うというのは現場ではよくある話である。では、どのような説明をすべきなのだろうか。

ＢＣＧの企業変革手法にＲＷＡというアプローチがある。簡単に言うと、組織に変革を起こすときに3つの要素が整っていないと組織は変わらないという考え方である。

Ｒとは Ready の略で、組織が変革を必要とする理由を理解しているか、あるいはそのために何をやるべきかがわかっているかを意味する。ＷはWillingnessの略で組織や個人が変革したいという意欲（意志）をもっているかを意味する。最後のＡはAbilityの略で、組織が変革をやり遂げる能力があるかを意味する。

さて、本題に戻ろう。組織を変えるときに、この3つの要素のどれが変革の障壁（ボトルネック）になっているかを明らかにすることが大切である。

要するに、変革の必要性を理解して、何をやるべきかわかっているのか。やる気があるのか。やれるだけの能力が備わっているのか。この3点が必要である。

もし、変革で何をやるべきかを理解していない場合、そもそも変革は進まないので、事前の説明や議論が重要となる。

やる気がないのであれば、いくら能力があっても、やるべきことを理解し十分な計画を練ったところで、うまくいくわけがない。その場合はどうしてやる気が起こらないのかを明らかにすることが肝心で、これは観察・対話・想像などの右脳を目一杯働かすことで（相手の気持ちを）明らかにしていくしかない。

一方で、やる気と十分な計画があるのに、実力がないために変革が実現できていない場合には、変革に必要な能力を補強したり、助っ人の力を借りたりするなどの対応が必要になる。これも観察や対話を通じて組織の能力の見極めをすると同時に、不足する経営資源を補充する手立てを考えることになる。こちらは主に左脳でロジカルに考えることになる。

繰り返し言っているように、人は理屈（ロジック）のみでは動かないのである。

改革のメリットをぶら下げて期待をもたせる

もちろん、人は不安を解消してやれば動くとはかぎらない。もっと言えば、不安を解消するより、新しいことへの期待を与えたほうがより積極的に取り組む可能性が高いとも言える。

したがって、工場のライン改革の話もなぜ必要か、あるいは、こんな対策を打つので心配ないと言って進めるより、これをやるとこんなに面白いとか、こんなメリットがあると訴えたほうがよい。

たとえば、従来型の生産プロセスではどうしても作業が単調になりやすいので、そこに不満をもっていた人には、新しいプロセスのほうが、個人でいろいろ工夫したり、やり方を変更したりする部分が多いと訴える。一方で、お金への不安や魅力を感じている人に対しては、新プロセスにより工場の生産性が上がり、昇給・昇格の可能性が高まるとにおわせるほうが効果的だろう。

7 なかなか実行されない場合はどうする？

「やる気スイッチ」をオンにするには

人は理屈でやらなくてはならないとわかっていることでも、気が進まずに実行しなかったり、ずるずる先延ばしにしたりすることが多い。子どもにとっては、学校の宿題や部屋の後片づけなどが当てはまる。

そんなときに、頭ごなしに「どうして勉強しないの」とか、「おもちゃを使った後は元通りに片づけなさいといつも言っているでしょ」といった注意が、時には逆効果になることは、みなさんもおわかりだろう。

偏差値が低すぎて予備校の学校ランキングに掲載されなかった女子校を、人気校へと変身させた品川女子学院の漆紫穂子《うるししほこ》校長（当時、現在は理事長）は著書の中でこう述べている。

「うちの子ったら無気力で、ちっともやる気が感じられません。どうしたらいいでしょうか？」

親御さんからこのような相談をされることがあります。

そんなとき、私は「本当に365日、24時間、無気力ですか？」と尋ねます。すると、「そう言われてみれば、何があっても部活は休もうとしませんね」

などと返ってきます。

日々、子どもたちを見ていて感じるのは、どんな子にも必ず「やる気スイッチ」が入る瞬間があるということです。たまたま、親御さんが望む場面ではオフになっているだけなのです。

裏を返すと、親が子どものやる気スイッチがオンになっている場面を見ていないと言えるかもしれません。

（漆紫穂子『女の子の未来が輝く子育て』朝日新聞出版、45ページより）

これは子どもだけの話ではない。大人であっても、部屋あるいはトイレの掃除、さらには人によっては洗濯・洗い物などをついつい後回しにしてしまう。ましてや、部屋の壁紙が汚れているので張り替えるなどという話は、よほど切羽詰まるか、人が来るといったことがないかぎり、どんどん後回しになってしまう。これも奥さんや旦那さんから催促されると余計やりたくなくなるのと同様、どこでもある話である。

仕事でもやる気の起こらないことは結構ある。会議や出張の報告書や、経費の整理などは最たるものだろう。しかし、もっと重要なことでもやる気が起こらない仕事はある。たとえば営業で少しでも多くの企業を訪問するとか、プロジェクトに反対している他部署のメンバーを説得することなどである。

仕事にはこうした、好き嫌いやわがままは持ち込んではいけないと、誰から教えられたわけでもないが、みんなが思っている。そのため、やりたくない仕事はやりたくないとか、後回しにしますと表だって言わないだけだ。あるいは仕事帰りの居酒屋さんで会社の悪口を言って憂さを晴らす程度が関の山である。

できる・やりたい・心配ない――スイッチはいろいろ

やる気のない子どもに勉強をさせたり、部屋を片づけさせるときに、ご褒美を与えるやり方がある。たとえば、おやつをあげるとか、前から欲しがっていたおもちゃを買ってあげるというやり方だ。しかし、このやり方は一時的には効果が上がっても、長続きしない上に、下手をするとご褒美がないと行動しないという逆効果につながってしまうので、万能の解ではない。結局は、本人が自覚して勉強の必要性に目覚めたり、内容に興味をもったりしないかぎり、持続的な解決方法にはならない。

したがって、子どもに対しては、勉強しないと偉くなれないとか、パパみたいになりたくなかったらという説得ではなく、もっと本人の自分事として見える形で説得を試みるほうがよい。

たとえば、勉強よりスポーツが好きな子どもに対しては、スポーツ選手として成功するためにはある程度の教養やビジネスに対する理解があったほうがうまくいくことを、サッカーの日本代表のキャプテンを務めた長谷部《はせべ》誠《まこと》選手や、イタリアの名門インテルやトルコの名門ガラタサライで活躍する長友佑都《ながともゆうと》選手などを例に説明するような方法があるだろう。彼らはスポーツマンとして優秀なだけでなく、チームメイトからも尊敬される人格と優れた考え方をもっている。

もちろん、人によってやる気スイッチが入る時間や場所、あるいは理由は違うので個別の対応が必要である。ある子どもは、クラスで一番になることに反応するかもしれないし、ある子どもは女の子／男の子にモテることに反応するかもしれない。あるいは、コツコツ積み上げるのが得意な子もいれば、どんなに楽をしたり、手を抜いたりしても結果さえ出れば満足する子もいるかもしれない。

それぞれのタイプに応じたやる気スイッチの入れ方が必要であるが、自分のタイプを明確に自覚している子どもは少ないし、論理的に説明できる子どもも少ない。そうなると、右脳を全開にして、それぞれの子どもが何に関心をもっているのかを、観察したり、言葉を投げかけることで見極めるしかない。

勉強の話から離れるが、スポーツで人を伸ばすのが上手なコーチはこうしたスキルに長けている。箱根駅伝4連覇（2015〜2018年）を成し遂げた青山学院大学の原晋《はらすすむ》監督もその代表例である。「東洋経済オンライン」の2017年1月4日付けの記事でこんなことを述べている。

2015年の「ワクワク大作戦」、2016年の「ハッピー大作戦」に続き、今回の作戦名は、「サンキュー（3＋9）大作戦」。このキャッチフレーズは、現体制になって9度目の箱根駅伝出場と感謝の気持ちからつくりました。

まさにどうしたら人のやる気スイッチが入るかを考えてチームをリードしていると言える。

仕事もまったく一緒で、相手がすべて指示通りに動くと勘違いしたり、あるいは理屈通りに動かないことにイライラしたりすることがあると思う。しかし、こうした人間とは仕事をしたくないと思ったり、どうしてウチの会社にはまともな人間がいないのかと思ったりするのは、間違いである。

相手にいま、やる気スイッチが入っているのかどうかを見極め、もし入っていないのであれば、どのようにしたらやる気スイッチを入れられるかを考えてみるくらいの冷静さが、人を動かすためには必要である。金銭にこだわる人もいれば、名誉、評判といった金銭以外のものに反応する人もいる。勝ち負けにこだわる人が多ければ、仕事にゲームや競争の要素を取り入れて、やる気スイッチを押すことができる。

相手の右脳に働きかけることが必要なのだ。そのためには、自らの右脳を全開にして、相手を観察し、どのように言葉をかけるかを考える必要がある。

8 右脳と左脳のサンドイッチ構造

左脳が先か、右脳が先か

仕事をする上で、まず左脳で論理的に考えてから、必要に応じて右脳をうまく使うのがよいのか。あるいは、逆にまず右脳で考えて、それが論理的に成り立つかを左脳でチェックするのがよいのか、という問いをよく受ける。いくつか例をあげよう。

なんか面白いアイデアを思いついたときに、それをそのまま事業計画にするのは無理がある。たいていは、本当に市場性があるのか、ユーザーはいくら払ってくれるのか、さらには自社でそんな製品（サービス）をつくり上げることができるのか、チャネルはどうするのか、プロモーションは必要か、採算が合うのかなど、考えることは山ほどある。これらは左脳を使って行なうのが基本だ。この場合は、アイデア出しが右脳、以降は左脳を使って内容をロジカルに詰めていく。したがって、右脳→左脳となる。

その後、でき上がった事業計画を経営会議にかけるとする。その場合は、左脳で形にした事業計画をなんの準備もなく、そのまま経営会議にぶつけてもうまくいかない。当然、この計画に対して、誰がどんな態度をとりそうかは事前に考えておく。もし反対意見が出そうな場合は、それがどういう理由で反対なのかを見極めることが大事になる。そして必要なら根回しを済ませておく。これら一連の作業は、自分の感覚を頼りにチームメンバーと議論しながら進める、右脳中心のプロセスである。

企画部門のスタッフが、中期計画を策定するプロセスを想像してみてほしい。よくある話は現場を知らない企画部門がつくった計画が、いざ実行段階で現場にとっては「絵に描いた餅」だったり、過重な負担のために進まないといったケースである。

こうした場合は、最初につくった中期計画をいったん現場サイドに下ろして、なんか引っかかることはないのかと確認したりする作業が必要となる。

現場の声は得てして、定性的で要領を得なかったり、理屈になっていなかったりするが、こうした反応を右脳で感じ取ることが大切になる。さらに、計画が上からの押しつけととられないように現場のオーナーシップを高める、あるいは、彼らがワクワクできるプランを織り込む必要がある。これらもきわめて右脳的なプロセスである。

左脳で考えたロジカルな案を右脳でチェックしたり、肉づけしたりすることになる。

経営トップや組織のリーダーが何か成し遂げようとする場合はどうだろうか。リーダーがロジックでつくった計画をそのままロジカルに説明したところで、組織は前に進まない。なぜ必要なのか、あるいはなぜこれを自分はやりたいのか、さらにはこれをやり遂げるとどんなよいことがあるのかなどをメンバーの心に直接届くように語ったり、仕組みをつくったりしないとダメだ。逆に言えば、先に心（感情）を語って、それをうまく理屈づけしていく説明のプロセスが実行を効果的に進める手法となる。

思考のキャッチボール

私の持論は、人間がビジネスで使うものの考え方は、右脳と左脳がキャッチボールをしている状態、すなわち思考が右脳と左脳の間を行き来しながら仕事が進むというものだ。**図表2-1**を思い出してもらいたい。人間が仕事で何かアウトプットを出すためには、まずインプット、次に検討・分析、そしてアウトプットに至る。それぞれのステージでは、右脳、左脳、右脳が主な役割を果たす（**図表2-3**）。

① インプットステージ

まず情報のインプットが必要である。そのプロセスは通常、五感をフルに活用する。ものを観察したり、異変、あるいは面白いことを感じ取り、その結果が課題の仮説となったりする。場合によっては何かひらめいて、解決策の仮説となったりもする。もちろん、データを読み取るには左脳も大事であるが、データから何を読み取れるかはセンスの問題でもあり、右脳の世界とも言える。

図表2-3｜右脳と左脳のサンドイッチ構造

	第1ステージ インプット	第2ステージ 検討・分析	第3ステージ アウトプット
仕事の流れ	●情報収集 ●仮説づくり ●課題発見	●真の課題の特定 ●分析 ●課題の構造化 ●代替案の抽出	●意思決定 ●コミュニケーション ●実行
思考	右脳 （観・感・勘）	左脳 （ロジック）	右脳 （腹落ち、感情移入）

②検討・分析ステージ

インプットした情報に基づいて、真の課題を特定し、解決策を考える。課題が複雑な場合はそれを構造化したり、仮説はそれが正しいかどうかを検証したりするプロセスが必要となる。これらは左脳を目一杯使ってやるプロセスである。難しく言えば、情報処理のプロセスである。

③アウトプットステージ

結論を導き出し、その結論を人に「腹落ち」してもらい、実行に導くプロセスである。結論はロジカルに左脳で決めることもできるが、その後にチームや組織、あるいは顧客を動かそうと思えば、右脳を主に働かせて決めたほうがよい。特に、先行き不透明な中でエイヤッと決めるのも右脳である。次章以降、くわしく解説していきたい。

優れたコンサルタントは「左脳」から始めない

その前に、ひとつだけ述べておきたい。「左脳が先か、右脳が先か」という質問をよく受けると述べたが、それに対する私の考えを示しておきたい。

「優秀なコンサルタントはいきなりフレームワークを持ち出さない」

いきなり左脳的に分析を始めたり、プレゼンテーションをするのはあまりお勧めできない。ということで私は右脳から始めることにしている。

第3章
右脳で考え、左脳でロジカルチェック

1 まずは好き嫌い・直感を大切にするのが第一歩

前章で、仕事の流れや仕事の種類に応じた右脳や左脳の役割を説明した。実際には頭の使い方はそれほど単純ではない。ひとつのプロセスの中でも、単一の仕事の中でも、右脳と左脳の間を行ったり来たりしながら、物事は進化していくし、先に進んでいく。そのやりとりがうまくいかなかったり、どちらかが欠けたりすると、落とし穴にはまることになる。

そのためにそれぞれのステージにおいて、右脳で感じたことを左脳で確認したり、逆に左脳で考えたことを右脳の力を利用して前に進めたりといった作業が重要となる。

「面白い」が「仕事になるか」を確認する

プライベートでは、自分が面白いと思ったことは、自分の資源や制約の範囲内で好きに行なえばよいが、仕事ではそうはいかない。そこで、ロジカルに考えてやるべきことか、可能かどうか、何が必要かなどをしっかり吟味した上で提案し、実行していくということになる。

しかし、私は**ビジネスでもまず「やりたい！」から考えることがあってもよい**と思う。人間誰でも、自分が好きなことや自分が思いついたことは一所懸命やるが、人から言われたことやどうしてもやらなくてはいけないことには力が入らない。そうだとすれば、仕事も好きなことや、やりたいことをやれるようにしたほうがよい。

一方で、あなたのやりたいことが組織にとってやるべきことかどうか、あるいは他の人にとってやりたいことかどうかはわからない。したがって、まず自分が面白いと思ったこと、やりたいことを仕事にしようと思ったときには、それらが仕事として成り立つのか、あるいは必要なのかを左脳で考えて、検証するステップが必要となる。

具体例をあげよう。世界最大のオークションサイトはｅＢａｙ《イーベイ》である。ｅＢａｙはピエール・オミダイアによって創業されたが、元々は彼が自分のガールフレンドがおもちゃ（ＰＥＺというキャンディーのケース）を集めているのを助けてあげようとして、「自分の余っているものを他人と交換したり、欲しいものをやりとりしたりする」サイトがあったらよいなと思って始めたものである。

要するに、こんなものがあったらいいなというものを、なかったから自分でつくってしまったのである。はじめに、事業計画やビジネスモデルがあったわけではない。そして、実際にスタートしたところ、大変な人気となり、このままでは趣味としてやる領域を超えてしまう。そのため取引を有料にすれば、参加者が減って、趣味で続けることができるのではないかと考えた。ビジネスでなく趣味にするために、左脳的な判断を下したところが面白い。ところが、実際にはかえって参加者が増えたので、こうした取引は実際にニーズがあり、ビジネスとして成り立つことが判明した。それなら、趣味ではなくビジネスとして本格展開しようということにしたそうである。こうした経緯を経て、趣味から有料のビジネスとして生まれ変わることになった。そして、創業当初から黒字になるというネットビジネスとしては希有な存在で大変優れたビジネスモデルとして知られるようになった。

創業当初から黒字になるという、ネットビジネスとしては大変画期的なビジネスモデルが右脳的な発想から始まり、右脳と左脳をキャッチボールしながら、生まれたところが面白い。

嫌なことは長続きしない

実行に当たって、自分がやりたくない案件を遂行しても、うまくいくケースは少ない。というのも、なんか新しいことをやろうとすれば、必ず想定外のことが起きる。その場合に、自分がどうしてもやりたいことであれば、我慢したり、新しいやり方を工夫したりすることは、そんなに難しいことではない。

ところが、自分がそもそも反対だったり、疑問をもっていたりすることを実行するときに、想定外のことが起きれば、やる気をなくしたり、我慢ができなくなることは人間だから仕方がない。

したがって、仕事上新しいことにチャレンジする、あるいは、改革を成し遂げようと考えているときには、自分自身に納得感があることが大切である。いくらロジックが整っていても、何かしっくりこないというような場合は、徹底的に「しっくりこない」理由を探るべきである。

また、自分が提案者でリーダーがそのことに納得していない場合、逆に自分がリーダーで部下がそのことに納得していない場合は、いくらロジックが整っていても要注意である。できれば、相手の右脳に働きかけて納得感を醸成していくほうがよい。

「なんかおかしい」虫の知らせが大事なワケ

提案書や企画書を見て、「なんかおかしい」「気に入らない」というときは、その案件を止めたほうがよいことが多い。

たとえば、M＆Aの意思決定では起案した部門は買う気満々なので、見栄えよくスキのない買収計画案を作成しようとする。もちろん、仲介するインベストメントバンク（証券会社）や会計事務所も全力でサポートしてくるため、買収計画案の出来映えは必然的に素晴らしいものになる。左脳思考の結晶のような計画書であるのが普通だ。

しかし、その買収案に対して意思決定する立場にいるあなたは何か気に入らない。理由は説明できないが、どこかおかしい、納得できない。そんなときは、止めておいたほうがよい。理屈では説明できなくても、過去の経験の蓄積が「なんかおかしい」と思わせていることが多い。そうであれば、その何がおかしいのかを、一度じっくり考えてみる価値はある。

たとえば、このM&Aの案件であれば、売り手がこの会社を売る動機が不明確である場合だ。うまくいっている会社をなぜ売るのか、本当にうまくいっているのであれば売る必要がないのではないか。そう思って、それを買収候補に論理的に問いただしても、納得のいく答えが得られない場合は止めたほうがよい。後から問題が露見するのは目に見えている。

直感を左脳でチェックする

もちろん、経営者であれば「なんかおかしい」と思ったとしたら、その感覚をもとに意思決定してもよい。ただ、普通の会社員であれば気に入らないでは通らない。となると、勘でおかしいと思ったことを他人にわかるように説明できないとビジネスパーソンとしては通用しない。

したがって、何が気に入らないかを、自分で考えてみる必要がある。たとえば、デフレ経済下では新商品の価格をあまり上げると、商品が売れない可能性が高いという調査結果が出ている。したがって、新商品の価格は現行据え置きのほうがよいという意見が出ており、そのまま進めたいという意見があったとする。

ところがあなたは、新商品の価格は現行より3割程度上げるべきだと感じたとする。しかし、「なんとなくそう感じる」ではみんなの賛成を得られない。だとすれば、まず新商品を現行価格で出すと何が起こるかを考え、次いで価格を3割上げるとどうなるかを考えることになる。

たとえば、価格を上げないと利益も出にくいので十分なマーケティング投資を行なえない。また競争相手とのシェアの奪い合いになるために消耗戦となり、得るものが少ない。一方で、価格をいまより3割程度上げたとすると、大衆受けはしないかもしれないが、高級品を望むセグメントが一定以上存在するので、十分市場があるということがわかったとする。こうした、証拠をもとに自分の考えを理論武装して、提案すれば、受け入れてもらえる可能性が高くなる。

右脳で感じた「提案へのノー」を理論づける

自分がものを決める立場で、部下から、あるいは相手企業から提案を受けるときに、書いてある内容には文句はないが、何か気に入らないということはよくある。

たとえば、部内で下から上がってきた事業提案書を例にしてみよう。

若手の部下たちが、新しい事業として女性専用の居酒屋の提案を出してきた。女性の飲酒が普通になった時代に、女性だけで心置きなく飲める居酒屋を開店すれば「流行るはずだ」という提案だ。女性だって、仕事の不満をぶつけ合いたい、そんなときにレストランではもの足りない。そこで、女性向けに、センスのよいインテリア、ゆっくり化粧直しなどもできるパウダールームと落ち着ける個室を備えたトイレ、つまみや料理も脂っこい居酒屋メニューではなく、イタリアンや和食の健康的な品揃えの店を開く。女性は酔っ払ったおじさんがいっぱいいる店では、落ち着いて酒も飲めないし、からまれる心配もある。それより、女性だけの店で心置きなく飲みまくったほうが気持ちがよい。

もちろん、市場調査や想定ユーザーのアンケート調査などの結果もポジティブだ。でも、あなたは何か気になる。しかし、そのまま気に入らないと言ってしまえば、部下たちはやはりうちの部長は若者や女性の気持ちがわからない、あるいは新しいことをやりたがらないと決めつけてしまうかもしれない。そんなときは、右脳で感じた何か変だという信号を、左脳で解きほぐす必要がある。

女性が居酒屋に行く理由はなんだろうか。女子だけで飲みたいのだろうか、それならイタリアンレストランでワインを飲んでいるほうが気楽なのではないか。

結局、居酒屋に行くときはある程度、酔っ払おうという気持ちをもって行くのではないか。そうであれば、変にかしこまったり、こじゃれた店より、酔っ払いが必ずいる居酒屋のほうが酔いやすいのではないか。すでに、他の男性客にからまれず、雰囲気を楽しめる個室や半個室を備える居酒屋はたくさんある。あるいは、そもそも女性同士で思いっきり飲みに行くというケースはあまりないかもしれない。

となると、一見うまくいきそうな女性向け居酒屋は実は顧客ニーズがあまりないのではないかという結論が導き出せる。すなわち、右脳で感じたノーを、左脳で理論づけるというケースである。

「あなたの意見」という考え方は危険

インテルジャパン元社長の西岡郁夫《にしおかいくお》さんから面白い話を聞いたことがある。当時インテルの社内では、あなたの意見、あるいは誰々さんの意見という言葉が使用禁止だったそうである。英語で言えば、your opinion あるいは Nishioka's opinion である。では代わりになんと言ったのか、その意見と言ったそうである。英語で言えば、the opinion あるいは that opinion である。

どうしてそんな社内ルールにしていたかというと、ある意見について反対意見を言ったり、批判をしたりする場合に、あなたの意見は間違っているとか、こんな問題点があるという言い方が当時の日本では普通であったからだ。これはいまもあまり変わらないと思う。そうなると単に意見を批判しているだけなのに、人格を否定されているような気になり、気まずくなる。そのためみんなが遠慮し合って本音の議論ができなくなる。それを避けるために、人格と意見を分離させたというのだ。

これは慧眼だと思う。

なぜこんなことを書くかと言えば、いくら好き嫌いを大切にすると言っても、人の好き嫌いと意見や計画の好き嫌いを混同しないことが大切だからである。

したがって、ある提案が気に入らない、好きになれないといった場合、まずなぜそうなのかを自問してみる。そして、提案者のことは気に入っているが、その案は気に入らないという場合は、本節に書いてあるような視点で見直してみればよい。一方で、そもそも提案者が気に入らない、好きでないという場合は、それを除外して提案を見直してみる必要がある。提案書そのものをロジカルに検証してみるのだ。そして提案者を除いて考えてみればよい案だという場合は、その案は採用してもよいかもしれない。

もちろん、いくらよい案でも、実行するのには不適切なその提案者がやるかぎりはうまくいかないと思うのであれば、それは反対のままでもよい。

2

思いつきを戦略に落とし込む

突飛なアイデアも最後には理論武装される

仕事柄、多くの経営者と接してきたが、優れている、あるいは戦略性が高いなと思う経営者は、実はロジカルに結論を出すタイプではない。はじめに話を聞いていると、なんでこんな変なことを思いついたのだろうとか、あるいは明らかに論理に飛躍があるなということがよくある。

ところが、何度か会っているうちに、前回私が疑問に思った点が、彼／彼女の中で変化を遂げており、ロジカルに説明できるようになっている。そして、最後は「なるほどね」と言えるような、ロジックの通ったプランに変身していることに驚く。

エイチ・アイ・エス（H.I.S）の澤田秀雄《さわだひでお》社長などはこのタイプだ。大変なアイデアマンで、次から次にいろいろなことを考えては事業に取り入れていく。そして、最初は「どうかな？」と思うアイデアでも最後にはモノにしてしまっている。つまり、事業として成立してしまっているのだ。ハウステンボスの再建などが典型例である。閉鎖した建物で宝塚をマネしたレビューをやる、私有地であることを利用して２００円（のちに３００円に値上げ）のタクシーを園内に走らせる、はたまたロボットが接客するロボットホテルまでつくってしまった。それが高じてロボットの王国という博覧会まで開催している。

思いつきがビジネスモデルに変身

ネスレはインスタントコーヒー*を職場で売る仕組みとして「ネスカフェアンバサダ

ー」を実践している。職場の人にアンバサダーと呼ばれるまとめ役になってもらい、まずはインスタントコーヒーをおいしく入れるマシンを導入してもらう。その際、マシン自体は無料である。

アンバサダーにはネスカフェ（パウダー）の仕入れ、機械への補充、コーヒーを飲んだ人からの代金回収をやってもらう。利用者は、コーヒーマシンでコーヒー1杯飲むごとに、その場に置いてある貯金箱のようなものに決められた代金、たとえば1杯50円を入れてもらう。それをアンバサダーが回収し、在庫がなくなるようであればネスレに追加注文し、その代金を支払う。まるでアンバサダーがネスレの社員、あるいは代理店のごとく振る舞う。しかも現金での報酬はない。ただ、アンバサダーにはコーヒーマシンのプレゼントや商品の提供といった便益はある。

これが、どんなプロセスで完成したかを想像してみよう。ネスレはこれまでコーヒーを、小売店を通じて売っていた。それを直接消費者（ただし企業）に売ろうというのだから、社員は「あれっ」と思う。

トップはなんとか消費者に直接コーヒーを売りたいと思っている。しかし、それを自社の販売網を通じて行なっていては効率が悪すぎて、経済性に乗らない。普通なら、この時点で論理が破綻しており、やっぱりダメかとなってしまう。

そこで、それなら顧客の中の誰かに、自社の販売員の代わりをやってもらったらよいとひらめいた。でも、給料を払うようでは、やはり経済性に合わない。それでは、自社のファンで自発的に動いてくれる人を顧客の社内につくったらどうか。しかし、その人は報酬なしで働いてくれるのであろうか。あるいは、社内できちんと代金の回収ができるのであろうか。

こうやって、次々にわいてくる矛盾や課題を順番に検討していって、さらには現場で実験してみて、でき上がったのが現在のアンバサダー制度であろう。まさに、最初は思いつきから始まった矛盾だらけのアイデアが、検討しているうちに理論武装され、完成されたモデルとなった。

あくまでもこれは私の想像であるが、そんなに違っていないと思う。

＊ネスレでは「インスタントコーヒー」ではなく「レギュラーソリュブルコーヒー」と呼んでいるが、ここでは読者のわかりやすさを優先してインスタントコーヒーと記している。

理論的に検証できなければ成功は見込めない

簡単に言えば、アイデアを事業化するとは、右脳で考えた思いつきを、左脳を使って理論武装するプロセスと言っても差し支えない。

もちろん、発想段階から理論的に見ても、間違いのない事業計画や商品開発のアイデアが生まれれば言うことはない。ところが、すでにこれだけモノやサービスがあふれかえっている中で、アイデアがそのまま事業化できるケースは稀である。一方で、市場のすき間やこれまでに世の中にまったくない市場を分析や理屈から探し出すのも不可能に近い。

そこで、実際にはひらめきや思いつきから出発したアイデアやイメージを、どうやってロジカルシンキングの観点からも通用するものに変身させていくかがカギとなる。逆に言えば、どんなに優れたアイデアやイメージでも、理論的に検証できなければ通用しない、あるいは、成功しないと言うことができる。

3 右脳を左脳でサポートするための方法論

右脳で考えたことを、左脳を使って仕事で使えるものにしていく方法を紹介しよう。仕事をしていて、こんなことをやればうまくいきそうとか、これを変えると仕事が楽になりそうとか思うことがある。詳細に問題を分析したわけではないが、なぜか思いついてしまうことは誰にでもある。こうした思いつきを、実際の仕事に活かせるようにするにはどうしたらよいだろうか。思いつきをそのままで終わらせず、仕事に昇華していくための方法であると言える。

方法① キーコンセプトから結論を逆算してロジックを考える

たとえば、最初に24時間、いつでも子どもを預けられて、引き取れる保育園、あるいは託児所があったらよいなと考えたとしよう。この思いつきを実行可能な企画案にもっていくためには、次の５つの視点でチェックする必要がある。

①市場性
②競争状況
③自社の強み・弱み（経営資源）
④ビジネスモデル
⑤実行計画

①市場性

まず、市場性については、そもそも誰が顧客なのかを考える必要がある。普通のサラリーマン夫婦であれば、夜11時くらいまではやっていてほしいと思うかもしれないが、深夜にいつも開いていてほしいというニーズはあまりないだろう。

一方で、夜に仕事をしている母親の場合はニーズが高そうである。となると、住宅街ではなく、繁華街から近い場所でないとまとまったニーズは考えられない。たとえば、新宿、六本木、銀座などが当てはまりそうである。

②競争状況

そこで、そうした繁華街で深夜も開園している保育所があるかを調べてみる。競合のチェックである。すると新宿、銀座、渋谷をはじめ首都圏の主要ターミナル駅の近くや繁華街などですでに同様の保育所があることが判明した。となると、可能性のあるのは、ある程度のニーズが見込めて、まだ24時間保育所のない郊外の主要駅エリアということになる。

③自社の強み・弱み

さらに、自社のもっている経営資源を考えてみる。新規にゼロから事業を始めるのであれば、まだなんにももっていない状態である。

一方で、大企業の新規事業でこうした事業を興すのであれば、当面の資金力や子どもを預ける立場の親（消費者）からの信頼が武器になろう。逆に、大企業がこうした人命を預かる事業を行なう場合は、事故やトラブルが起こったときのブランドリスクも考慮する必要がある。人材に関しては、立派な学歴をもっていたり、大企業的仕事の進め方に長けた人間が強みと考えることもできるが、大企業の人間は普通、新規事業では足手まといになることのほうが多い。

なんと言っても、大企業流に、すべてもれなく検討し十分に準備した上で、さらにリスクに配慮しつつ仕事を進めるというやり方に慣れているためである。ベンチャー企業に比べてフットワークが悪く、スピード感に欠けるのが大企業人材の特徴だ。

④ビジネスモデル

一方、ビジネスモデルについては、くわしく検討する必要がある。せっかくニーズがあり、競合もなく、そして自社がそれを遂行する経営資源を保有しているとしても、事業として成り立たず、収益があがらないのであれば実行に移せない。

⑤ 実行計画

これもクリアしたとしたら、後は実行計画をつくって、しかるべき会議で事業計画を提案することになる。

最初は思いつきだった24時間保育所が、事業計画へと進化していく。このやり方は、新しい事業を計画するためによく行なわれているやり方、すなわち世の中にあるビジネスチャンスを全部調べて、可能性のある新規事業をすべてリストアップし、詳細に調べて可能性と問題点を整理し、優先順位をつけて、その中から選んでいくというロジカルなアプローチに比べて、はるかに効率的なことがわかるであろう。

方法② ストーリーをつくってから、ロジックで細部を詰める

先ほどの「24時間、いつでも子どもを預けられて、引き取れる保育園、あるいは託児所」というコンセプトをこちらのアプローチで行なってみる。

まず、最初に顧客像とその生活を想像してみる。離婚して2人の小さな子どもを抱

えて仕事をしている30代後半の女性のことを想像してみよう。勤務先は渋谷で、住まいは通勤に便利な三軒茶屋だ。朝夕の混雑時でもドアツードアで30分。いざとなれば、タクシーでも職場まで２０００円程度だ。会社ではキャリアの幹部候補として期待されている。ＩＴ関係のシステム開発の仕事のため、計画的に仕事を進めることができて、普段は夕方５時の定時退社が可能だ。

また、顧客対応の会食などは滅多になく、あったとしても前もって友だちなどに頼んで、子どもを預かってもらうこともある。

ただ、システムにトラブルが発生したときは別だ。夜遅くまで残って、陣頭指揮をとることもあり得る。さらに、帰宅後に再出社する可能性もある。こちらはいつ起こるのか想定できないために、子どもを預ける場所がなくて困っている。そういう女性のための24時間預けられる保育園、託児所があれば、利用する人はいるのではないだろうかと大きなストーリーを考えてみる。そうだとすれば、勤務先のある渋谷付近、あるいは住まいのある三軒茶屋付近が設置場所としてはよいだろう。

こうした託児所、保育園を事業として検討してみよう。よく考えてみれば、通常の昼間の勤務をしている親が終電以降、たとえば深夜24時以降の真夜中に子どもを預けたり、引き取ったりするケースはそんなにないと思われる。ということは、深夜営業の飲食店勤務の女性などを対象としなければ、24時までの営業で十分。これはまさにロジックが教えてくれる部分である。

加えて、朝の開始時期も始発が始まる前後の4時や5時というのは考えにくいので、開園時間は朝6時から夜の24時までとすれば、ほとんどのニーズに対応できることが判明する。24時間でなくてかまわないということである。

さらに、基本的な使い方は朝8時から夕方18時くらいに集中すると考えられるので、そこを主力の時間帯として、それ以外の早朝と夜間はシフトの人数を大幅に減らせることが判明する。

一方で、場所については、オフィスが密集する勤務地のそばであれば一定の需要が想定できるので、事業として成り立つ可能性が高いが、利用者視点からは、小さな子どもを電車に乗せて通わせたくないというニーズがある。そのため、実際の開設場所は、生活をしている街ということになるが、郊外の住宅地ではひとりで子育てをしながら働く女性（シングルマザー）の絶対数が少ないことが想定される。というと、ある程度の需要が見込める、オフィス街に近い住宅地が出店候補地となる。三軒茶屋、中野などが候補になると思われる。

次いで、収益性を検討してみよう。仮に三軒茶屋あたりで20坪程度のスペースを借りると、家賃が30万円ぐらいになりそうだ。一方、必要となる保育士の数は、預かっている幼児の人数と年齢で異なってくる。ここでは便宜上、預かる児童の数が2～3歳児中心で定員20名、必要な保育士の数が昼間3名、子どもの数が減る早朝1名・夜間2名として、8時間換算で6名必要となる。そうすると、家賃・人件費・間接費などで月150万円近くかかることがわかる。

一方で、顧客からもらえる保育料はせいぜい1名月5万～7万円程度である。そうなると20名では採算に合わないということになるので、収容人員を増やすか、昼間と夜で別々の顧客を獲得することで二毛作狙いでいくか、あるいは思い切って高価格路線でいくことを念頭に置く必要がある。ここでは、保育士の人数を多く割かなくてはならない0歳児を減らすことで、人件費を下げ、コストを下げることで採算に乗せる事業計画にすることにしよう。

この場合、本来の目的である働く女性のためという目的が、一部損なわれてしまうが、事業として継続するためには仕方がないという判断である。ここでは前の事例に合わせるために、シングルマザーをユーザーとして想定したが、もちろん夫婦共働きで、子どもを預けながら働くケースもユーザー像として想定できる。また、夫が育児に協力できなくワンオペ育児を強いられている働く女性も想定できるようになる。

ただ、その場合は、立地の範囲も広がり、需要規模もはるかに大きいと考えられるため、異なる事業計画となるので、よくよく検討する必要がある。

思いつきにロジックを加えて質を高める

事業計画を立てる以外にも、仕事をしていて、ちょっと思いついたことが意味のある仕事になることはいくらでもある。たとえば、出張の精算業務が面倒くさいと思っていた総務の人が、精算をもっと楽にできないかと考えて、出張者本人にやらせたらよいのではないかと妄想してみよう。

このまま提案すれば、「総務が楽をしようとして、営業に面倒な仕事を押しつける気なのだろう」と、反発は必至で、実現しない。

ところが、少しロジックを駆使して、営業マンの仕事の効率化にもなる精算方法がないかと考えてみる。そこで、ＰＣやスマホを使って、営業マンが直接交通機関やホテルの予約を行ない、それがそのまま出張の精算書類として自動的に総務に送られるような仕組みまで構築すれば、営業マンは出張の精算業務から解放される。さらに、総務は何が書いてあるか読み取れない書類を前に格闘することや、計算機を叩く業務からも解放される。

両者がＷＩＮ－ＷＩＮの関係であれば、会社としても業務効率化が進むという、「めでたしめでたし」の結果ということになる。こうした出張精算システムはいまでは珍しいものではなくなっているが、総務や営業の人たちの日常業務中の感情、「もっとラクにならないかなー」から生まれたのではないだろうか。

他にも、優れた睡眠を提供することで定評のあるビジネスホテルチェーン「スーパーホテル」のベッドには脚がない。掃除機をベッドの下に入れ込む手間と時間をセーブするためだが、このアイデアは従業員がチェックアウトからチェックインまでの時間が短いラブホテルでは、ベッドに脚がないということから思いついたそうだ。

思いつきを思いつきのまま発案したり、どうせ無理だとあきらめたりするのではなく、少し論理的思考を加えるだけで、仕事の質は格段と上がる。

第4章

左脳で考えたロジックフローを右脳で肉づけ

1 心の底から納得する「腹落ち」の重要性

こんな経験はないだろうか。用意周到に立てた新規事業のアイデアが、上司からまったく相手にされない。いくら、一所懸命に説明したり、反論してみたりしても、聞く耳をもってくれない。こんなときは、ロジックの問題ではなく右脳の問題だと捉えてみたほうがよい。

第2章で紹介した**図表2-3**における第2の検討・分析ステージから第3のアウトプットステージにおいて重要な役割を果たすのが右脳の使い方である。

ロジックフローは完璧でも人は動かない

駆け出しのコンサルタントだった頃、私の所属していたチームが、あるメーカーに対してM&Aの提案をしたことがあった。業界4位だったそのメーカーは、生き残り策を模索していた。

私たちは、分析の結果、そのメーカーが単独で生き残るのはかなり困難であり、今後の成長は単独ではなし得ない、提携、あるいは合併するしかない、という結論に達した。そこでメーカーに対し、グローバル大手とアライアンスを組むべきだと提案した。ロジックフローは完璧だった。そのメーカーが生き残るためには、グローバル企業の傘下に入るのが一番の近道であり、最も確実な方法であることは誰の目にも明らかだった。

しかし、結果として、経営者はこの提案を採用しなかった。

提案した日、飲み屋さんで慰労会をやってくれたとき、経営者はこう言った。

「論理的に正しい提案であることはわかるが、自分の目が黒いうちは会社を売るような真似はしない」

ありとあらゆる分析結果を提示して説明しても、経営者は頑として提案を受け入れなかった。

私たちにとっては残念な結果に終わったわけだが、この経験は私にとって非常によい経験となった。この経験を通じて、収集した情報を論理的に分析し、整合性のとれたロジックフローをつくっただけでは相手の気持ちは動かせないことを学んだからだ。

会社は絶対に買収されたくない、M&A以外の提案をしてほしいと思っている経営者に対して「グローバル大手の傘下に入る」というストレートな提案をしてもなかなか受け入れてもらえないのは当然だろう。

ロジックフローが正しいからといって、提案を受け入れてもらえるとはかぎらない。

たとえば医者から「思い切って外科手術を受けますか」と聞かれたとき、すぐに了承できる人は少ない。手術をして悪い部分をすべて切除したほうがいいということはわかっていても、薬で治るものなら投薬治療を選びたいと考えることもある。

ビジネスもまったく同じなのだ。

大胆なリストラを行なったほうがよいと頭ではわかっていても、実行できる企業は少ない。その結果、中途半端なリストラ策を繰り返すことになり、じわじわと体力が低下していく。そして、にっちもさっちもいかなくなり、結局、自力で再建できないところまで追い込まれる。そうした事例から学んだことは、人は心の底から納得しないと、思い切った意思決定はできないということだった。

私の在籍していたボストン コンサルティング グループ（BCG）では、心の底から納得することを「腹落ち」と呼ぶことはすでに紹介したが、組織も結局個人の集合体であるから個人、とりわけ経営者やリーダー、キーパーソンが腹落ちしない案件はうまくいかないということになる。

業界4位だったそのメーカーの経営者を決断させる方法についてはのちほど、述べてみようと思う。

相手の心の中を覗き込むことが「腹落ち」の第一歩

それでは、どうすれば人は腹落ちするのであろうか。

たとえば、あなたが食品会社の社員で、新規事業のプランとして新鮮なフルーツをカフェのようなしゃれた店舗で販売するフルーツバーを提案したとする。

市場環境については、日本人の健康志向の高まりを受けて、新鮮な果物を生のまま、あるいはジュースとして提供することは、時代に応えている。特に女性の間では野菜や果物は人気が高い。

競合についても、駅などでスタンド形式で提供されるジュースの店はあっても本格的に果物やジュースを提供するチェーン店は存在しない。もちろん千疋屋《せんびきや》のような高級フルーツ店で同様なサービスが行なわれているが、価格や立地の面で限定的な出店にとどまっている。

一方で、我が社は果物や野菜の調達・扱いに関して、他社に比べてスキル・価格面で圧倒的に優れている。市場環境、競合、自社の能力を考慮すれば、勝算はある。

しかし、上司からは反論や疑問が数々出てきた。生の果物や野菜を扱うと、鮮度管理の問題や売れ残りのリスクが生じる。我が社には工場での品質管理ノウハウはあるが、店舗での鮮度管理や品質管理のノウハウはない。さらに、食中毒でも出したら、どうするんだ。そんな、いままでやったことがないことをやる人材はどうするんだといった否定的な言葉が続出する。顧客が来なかったら大赤字になるだろう、そんなときはどう責任をとるんだ……。

こんなときに、ウチの上司は頭が固いとか、新しいことにチャレンジする気がないとか愚痴るだけでは始まらない。

まず、うまくいかない説得の方法を紹介する。提出された疑問や反論を1つひとつ丁寧につぶしていく方法である。

たとえば、上司から指摘のあった安全性、鮮度管理、赤字、この3つの点それぞれに反論していく形だ。

▼安全性→保健所への届け出基準を満たす、従業員の教育をしっかりする
▼店舗での鮮度管理→生鮮食品を扱う小売店の店舗運営経験者を雇う
▼赤字→当初2年間は赤字を想定。3年目から黒字、さらに5年で累損解消を狙う。3年目までに想定以上の不振が続いた場合は撤退するという基準を設ける

ロジカルシンキングではこうした解決方法が取り上げられるかもしれないが、現実

にはうまくいかない。片っ端から、難癖をつけたり、いくつも否定的な言葉が出てくるのは、上司はとにかくやりたくないからなのだ。ひとつ解消してもまた新たな疑問を呈してくる。

それではどうしたらよいのだろうか。

まずは、上司がこの案件に反対する理由はなんなのかを見極める必要がある。これは右脳の仕事である。

たとえば、上司の反対の理由が、失敗した場合のこと、あるいはあなたが新しいことに挑戦すると、いまやっている事業が手薄になって自分の担当事業の業績が低迷してしまうのではないか、などと心配していることにあるとしよう。

新しいことに失敗すると自分が責任を問われたり、あるいは出世に影響があったりするのではないかと思っている場合は、いかに失敗しないでやれるかを説明しても効果はない。というのも、新規事業を１００％成功させる方法や、顧客が来ないなどの予想されるリスクを必ず防ぐ方法はないからだ。

したがって、この場合は、この新事業をやらない場合とやった場合のどちらが得かを説明することが重要になる。

「この新規事業をやらないで、今のまま事業を続けると2年後には価格競争に巻き込まれて、ひどいことになる可能性が80％以上です。それに対して、自分たちで店舗をもつというこの新規事業の成功確率は50％程度かもしれませんが、自分たちで販売するわけですから、価格決定権はこちらにあります。さらに、何もしなかった場合よりチャレンジしてうまくいけばそれでよしですし、仮にダメでも小売り・サービスの分野の知見を手に入れることができます。本業の食品メーカー事業にとって貴重な経験を積め、プラスになります」

もしこの考えに納得性を感じてくれれば、論点はこの新規事業をやるかやらないかではなく、どうやったら成功確率を上げることができるかという前向きの議論に進むはずである。

一方で、後者の担当事業の業績への影響が心配な場合は、やってみたい気持ちはあるが、あなたが新規事業へ挑戦することで既存事業のコミットメントが低下して悪影響があるのではないか、あるいはあなたの時間と新しい事業をやれる人材を確保できるだろうかというのが論点になる。

その場合は、既存事業を行なっている人間がその事業のコミットメントを下げないで済むよう外部資源活用の提案に変更する。あるいは、「どうしても自分で新規事業をやりたいが、既存事業に影響のないように既存事業へ新たな人材を投入し、自分の時間を新規事業に当てるのは20％までに制限します」とするのが有効かもしれない。

いずれの場合も、新しい事業をこうすればうまくいくというように肉づけしていくのではなく、上司が抱えている不安を解消するような材料を盛り込むことが解決につながる。

ネットベンチャー買収提案はなぜ受け入れられなかったのか

理屈（ロジック）だけではうまくいかなかった事例をもうひとつ紹介しよう。

ＢＣＧのある顧客（以下、クライアント）から、インターネット事業を拡大したいという依頼を受けた。そのクライアントは、自社単独でネット事業を拡大すべきか、成長しそうなネットベンチャーを買収すべきかで悩んでいた。

そこで我々はさまざま検討した上で、ネットベンチャーの買収を提案した。なぜならネット事業はスピードが命であり、ノウハウもない状態で新しいビジネスを一から立ち上げるのは無謀と判断したからだ。しかも、ネット事業の一寸先は闇であり、苦労して立ち上げたビジネスが成功するとはかぎらない。すでに立ち上がっている事業を買収したほうが、時間的にもコスト的にも効率がいい。

私たちは有望な数十社のネットベンチャーをリストアップし、どこを買収すべきか、分析を重ねた。競合優位性が築けるか、既存の事業とのシナジーがあるかなど、1社ごとにありとあらゆる角度から分析を行なった。

その結果、「買収するならここが第1候補」というネットベンチャーが見つかった。しかもそのベンチャーに買収の話をもちかけると「売ってもいい」と言う。価格は10億円で、クライアントの企業規模から考えると大した金額ではなかった。

私たちは自信満々で「ネットベンチャー買収」の提案を行なった。ロジックフローは完璧だった。ところが、クライアントは首を縦に振らなかった。

たしかにそのネットベンチャーはまだ収益もあげておらず、世間から大きな注目を集めている企業ではなかった。ビジネスモデルも完成しているわけではなく、将来のビジネス展開もはっきりしていない。

それでも私たちはさまざまな分析結果から、そのネットベンチャーの事業は非常にユニークであり、将来性もあると評価していた。もちろんベンチャー企業である以上、確実にリターンが得られるとは言えないが、資産総額数兆円のクライアントにとって、10億円くらいたかがしれているだろうと考えた。

ところが、クライアントは提案を受け入れてはくれなかった。正確に言えば、ネット事業を担当する事業部長は興味を示してくれたのだが、意思決定者である経営陣が難色を示した。

「面白いビジネスかもしれないが、これからどうやって儲けるのか」

「どうしてそんな得体の知れないベンチャー企業に10億円も投資しなくてはならないのか」

結局、こうした経営陣の主張を覆すことはできなかった。

このケースは、どうしたらこの提案を受けてもらえたかについては、のちほど述べたいと思う。

企画を通したいなら意思決定者を動かす「何か」を探れ

今度は事業計画をつくって、上司の了解をとりたい、あるいは経営会議を通したいという立場で考えてみよう。

先ほどの24時間保育所の提案をなんとか認めてもらいたいとする。しかし、自分の会社の事業領域を大きく外れており認められる可能性が低い。さらに、仮に事業化できたとしてもあまりに事業規模が小さいために経営陣が興味を示す可能性すら低い状況だとしよう。

この場合は、いくら精緻華麗な事業計画書をつくったところで、ゴーサインが出る可能性は低い。なぜなら、経営陣が左脳で必要がない、やる意味が認められないと考えているからである。さて、どうするか。

ひとつはこの事業にかける本人たちの想いをうまく伝えることである。

ＢＣＧ時代に若手ですごく頭のよい人間がいた。頭のよいコンサルタントがそろっているBCGの中でも際立って賢かったし、コンサルタントとしても優秀だった。そんな彼がある日、私の部屋にやってきてBCGはこの新しい事業をやるべきだと提案してきた。

代表であった私から見れば、その提案は会社の貴重な経営資源を割いてまで、無理してやらなくてもよい話だったので、適当に対応した。すると、あきらめきれない彼は後日再びやって来て、どうしてもやるべきだという持論を展開する。理屈はしっかりしているし、実行すればそれなりの成果を出しそうなプランだった。

そこで私は「そんなにやりたいのなら、君がやったらいい。応援するよ」と言った。そうしたところ、彼は、これは会社がやるべきと思って提案しているので、自分はやるつもりはないと答えた。このプランがどうなったかは想像通りである。却下だ。やりたい人間がいないプロジェクトを無理に組織で命令してやっても、うまくいくわけがない。まして、コンサルティング会社で最も希少な経営資源である人材を理屈だけで考えられた新規事業へ突っ込むわけにはいかない。

提案した本人がどうしても自分でやりたいと言えば、私も真剣に考えたであろう。しかし、本人にその気がないということはオーナーシップのないプロジェクトになりがちで決してうまくいかない。したがって、提案を通そうと思ったら、どうしてもそれをやりたいという思いがにじみ出ている必要がある。

もう一度、24時間保育園の話に戻そう。やる気だけでビジネスがうまくいくほど世の中が甘くないのは、経営者に近い人間であればあるほど、そのことをよく知っている。自分自身でそうした失敗を経験してきたか、間近で見てきたからである。となると、彼らベテラン経営陣を説得するのはやる気を見せるといった右脳を前面に出したアプローチだけでは不十分かもしれない。

その場合は第2のアプローチをとる。

それは経営者の頭の中を想像し、どうしたらゴーサインをもらえるかを考えることである。たとえば、相手が左脳で考える人か、右脳で考える人かの見極めも大事となる。

もし、左脳型の人間であれば、情に訴えるのではなく、このプロジェクトを推進することで会社にどんな定性的なプラス、たとえば社会貢献的な要素、あるいはパブリシティによる広告効果などがあるかを訴求すればよいかもしれない。さらには、保育園・託児所を自社の社員とその家族が優先的に利用できる制度もできれば、社員の福利厚生の充実も図れる。

一方で、どちらかと言えば右脳型の人間ということになれば、情に訴えるやり方が効果的だ。たとえば、これをやるために自分はこの会社に入ったので、できなければ会社にいる意味がないくらい入れ込んでいますと伝える。あるいはこの事業を我が社が実施すれば、働く女性への支援ということから、数字に換算できないくらい世の中の女性から評価され、ひいては我が社のブランドイメージ向上になる。子育て中の女性社員のモチベーションも上がる。あるいは、社長の株が上がって、女性にもてますよということを遠回しに伝えるなど、ツボさえ見つかれば訴求方法はいくらでも思いつくはずだ。

要するに**企画を通したいと思ったら、論理的に素晴らしいプランだけではダメだということである。当事者の想い・責任感と、意思決定者を動かす何かの両方が必要だ。**

2 ロジックフローに魂を入れる

痛みを伴う提案にはストーリーが必要

では、どうすれば人の心を動かすような提案や説得ができるであろうか。

結論から言えば、**左脳（ロジック）で考えたことに右脳で肉づけする**ことによって、相手の気持ちに入り込む、あるいは寄り添うことがカギとなる。英語でこれをエンパシー（Empathy）、日本語では感情移入と呼ぶ。

要するに人間というのは、**ロジックフローがどんなに正しくても、自分に痛みを伴う提案はなかなか受け入れられない。相手の気持ちを動かし、そうした痛みを伴う提案を受け入れてもらうためにはストーリー（物語）が必要となる。**

ここで言うストーリーとは、単なるロジックフローではなく、感情の入り込んだロジックフローのことである。やってみたいとか、ワクワクする、あるいはやっていることが目に浮かぶなどの感覚をもたらすものである。もちろん、その逆のやりたくない、不安であるといった感覚をもたらすこともあるような話の展開もあり得る。

たとえば、前述した経営者から拒否されてしまった、業界第4位のメーカーへのM&Aの提案のケースでも、別のストーリーを用意したら、相手の受け止め方は変わっていたはずだ。

ロジックフローは変えない。「業界4位のメーカーが単独で生き残るのは困難なので、グローバル大手とアライアンスを組むべき」のままだ。

しかし、ストーリーを工夫する。たとえば、グローバル大手と資本提携はするが、会社名やブランド名はそのまま残る。経営も自分たちで行なう。こうしたストーリーとともにM&Aを提案していたら状況は変わっていたはずだ。少なくとも買収されるというデメリットにだけ目がいくことはあるまい。資本を受けられる、生産の協力態勢が整う、マーケットが拡大するなどのメリットに目が向いただろう。

「グローバル企業の傘下に入る」という提案は同じでも、納得できるストーリーがあるかないかで相手が受ける印象は大きく変わってくるものだ。

企画や提案を考える際には情報を収集し、論理的に分析を行なうことが非常に大切であり、そのプロセスなしに正しいロジックフローを組み立てることはできない。そんな企画や提案を実行してもうまくいかないだろう。

だが、どんなに緻密に分析をして正しいロジックフローができ上がったとしても、それだけでは人やビジネスを動かせないのも事実である。

人は誰しも未来に夢や希望をもてる企画や提案に心を惹かれるものだ。自分や会社の輝かしい将来像を思い描いてワクワク・どきどきする。

逆に、明るい未来を想像できない企画や提案には拒否反応を示す。自分や会社の将来に希望がもてないから前向きに考えられず、「よし、やってみよう」「がんばってみよう」という気持ちにはならない。夢や希望のない企画・提案は、相手に行動を起こさせる動機づけにならないのだ。

だからこそ、右脳で語る要素が重要となる。客観的に見れば将来を悲観してしまうようなロジックフローを、感情に働きかけることで未来に希望がもてるストーリーに変えられれば、相手の気持ちを動かすことができるだろう。

苦労してつくり上げたロジックフローをムダにせず、ビジネスに活かすためには右脳による肉づけが必要不可欠なのだ。

不確実なロジックを補うのはストーリー

先ほどのネットベンチャーの買収の話に戻ろう。いくら確率的によい買い物とはいえ、安定を目指す経営陣から見ればベンチャー企業を買収するリスクを無視できない。わけのわからないベンチャー企業に対して、本当に成功するのか、買収金額は適切なのか、といった疑問を山のように投げかけられるのが普通であろう。

その疑問を覆すだけの完璧なロジックは、残念ながらない。そこで必要となるのが、ストーリーである。

たとえば、「10億円を捨てたつもりで投資して、ネットベンチャーの人材を教育すればいい。これからはネットに精通した人材が必要だ。元々ネットのことがわかっている人材を育てれば必ず会社に貢献してくれるはずだ」というストーリーを語り、10億円を教育費と捉えることでうまくいくケースもあるだろう。

あるいは「ネットビジネスはどういうものがヒットするかわからない。ベンチャーは10社買って1、2社当たればよいほうなのだから、たとえば100億円と投資総額を決め、その中でやりくりしてさまざまなタイプのベンチャーを買ったらどうか」と説得を試みれば、「ネット事業なんてそんなものなのか」と納得してもらえたかもしれない。

そうしたストーリーをつくらず、「このベンチャー企業は10億円出して買うに値するのに、どうして買わないのか」という理屈だけで攻めても、経営陣のほうは「いくら買い得だと言われても、そのベンチャーをわざわざ買う理由が見当たらない」という姿勢を崩さないだろう。その結果、経営陣の説得は失敗に終わる。

ちなみに10年後、そのネットベンチャーは市場価値3000億円のIT企業に成長した。いまから言ってもどうしようもないが、私たちが経営陣を説得するストーリーをつくれなかったがゆえに、クライアントはネット事業拡大のチャンスを逃してしまった。

3 人を動かすのはこの4つの要素

論理性、ストーリー、ワクワク・どきどき、自信・安心

人がアイデアや戦略を理解し「腹落ち」した上で実行に移す、あるいは上司が提案・企画を十分に理解・納得した上で「会議」で通すためには、次の4つの要素が必要となる。論理性、ストーリー、ワクワク・どきどき、自信・安心を与えるの4点である。論理性を除く3つは相手の右脳に訴えるものだ。

①論理性

聞いている者が、なるほど正しい、あるいは間違いがないと思うこと。

②ストーリー

単に論理的な整合性があるだけでなく、全体がひとつのストーリーになっていること。わかりやすさと考えてもらってもよい。聞いた人間が理解するだけでなく、それを他人に語れるようであれば最高である。

③ワクワク・どきどき

加えて、楽しそうだからやってみたいとか、よくわからないけれど面白そうという印象を与えられればなおよい。

④自信・安心を与える

いままでと異なることをやるのであれば、それは難しい話ではないとか、御社あるいは自社にもできると思わせる。あるいは、仮に失敗したところで、取り返しがつくとか、大したことがないと思わせる。

以前、コンサルテーションを行なった企業の例を紹介しよう。その会社は国内を主たる市場としたメーカーで、常に業界をリードする製品をつくり続けることで高収益をあげている産業用部品メーカーであった。納入先である電機・自動車などの完成品メーカーがどんどんグローバル競争の波にさらされ、国内市場は縮小の一途であった。しかしながらクライアント企業は最先端の高級品を次々に生み出していることもあり、同業の中では圧倒的に製品優位性があり、国内企業からの引き合いは依然として強く、売上げ・利益とも成長を続けていた。

得意先の業界の将来予測に基づくクライアント企業の業績見込みは、いまはまだ成長を続けているものの、国内市場だけを相手にしていては近い将来に売上減少が避けられないというものであった。したがって、これまであまりつき合いのない外国企業とつき合いを始め、かつアメリカやヨーロッパのグローバル市場を対象にしないかぎり成長は望めないというものであった。そこで、事業戦略の軸に、海外市場・顧客開拓を提案し、それを実現するための組織体制整備、並びに人材採用を提案した。

しかし、残念ながらこの提案はすぐには受け入れてもらえなかった。理由は簡単である。提案のロジックやストーリーが不完全だったわけではない。経営者はすでに国内市場が成熟化して成長余地がないこと、したがって新しい事業の柱をつくらなくてはならないことはよく自覚していた。さらに海外市場に成長可能性があり、選択肢のひとつであることも理解していた。

それでも経営者は「過去にこんなことをやってみたことがない。うちの製品が海外メーカーから買ってもらえるとは思えない。というのも、我が社は顧客とのやりとりを通じて新しい製品を生み出していくスタイルである。しかし、それを売り込む営業人材もいなければ、顧客と開発のやりとりができる英語力すらない開発人材ばかりである」と考えており、海外はうまくいかないと感じていた。

そこで、どうしたかと言えば、我々自身が海外まで出かけて行って、顧客になりそうな企業を片っ端から当たって、実際にポテンシャル顧客がいるかどうかを調べてきた。さらに、それらの潜在顧客のところに、クライアントの営業担当や開発担当に実際に訪問してもらって、商売が成り立つかを試してもらった。その結果、クライアント企業の営業担当や開発担当に実際にビジネスができそうであるという手応えをもってもらうことができた。社員に新市場への期待感がもってもらえたのである（③ワクワク・どきどき）。社員に「できそうである」と思ってもらったことで、ようやくトップもこの提案に納得してくれた（④自信・安心を与える）。

このケースでは提案段階で①論理性と②ストーリーまでは用意されていたが、③ワクワク・どきどきと、④自信・安心が不足していた。そこで、実際に見せてみて、やってもらって自信をつけると同時に、やればできるという思いが楽しさにもつながったことが成功要因である。

ストーリーを豊かにする方法

自分の提案、企画を納得してもらうとき、ストーリーが重要となる。ロジックが多少複雑なものであったとしても、相手の頭の中にすんなり入っていくときに大きな役割を果たすからだ。巧みなストーリーに必要なのは次の要素である。

▼立体感：イメージできる
▼現実感：実現できそう
▼安心感：やってみたい、自分でもやれそう

立体感とは、言葉だけではわかりにくい新しい製品やサービス、あるいは仕事の進め方を知らない人でも頭にイメージが浮かぶような状態を指す。

次の現実感とは知らないことや実行したことがないことでも、なるほどそういうふうに進めれば実現できそう、あるいは世の中に存在しそうであると感じる状態を指す。

最後の安心感とは当事者たる人間が、それなら自分でもやれそうである、あるいはやってみても大丈夫、さらにはやってみたいと思うような状態を指す。


たとえば、ベルトコンベアを用いた工場しか所有していないメーカーでセル生産方式の工場を新設する計画を提案したとしよう。

生産工程において、同じ製品をたくさんつくり続ける少品種大量生産ではベルトコンベアの上を次々に部品あるいは半製品が流れ、それぞれの工程ごとに担当する作業員が製品を組み立てていく。これはライン生産方式と呼ばれている。

これに対して、まったく異なるものにセル生産方式というものがある。ひとりの作業員が始めから終わりまでひとつの製品の組み立てを担当するというものである。

これを例に立体感、現実感、安心感とは具体的にどんなことか説明しよう。

このメーカーの人々にとって、従来型のベルトコンベア方式の工程はすでに見慣れたものであり、想像のつく世界である。ところが、セル生産方式はひとりの人間が最初から最後まで生産を担当すると言われても、イメージがわかない。それをいかに、はじめて聞く人でもわかるように示すのかというのが立体感である。

これにはいくつかの方法がある。たとえば、ハンドバッグをつくるときを例にとって説明する。

上流から革が流れてきて、それを裁断する人、縫製する人、把手《はしゅ》を取りつける人と順番に作業していくのがベルトコンベアによる生産方式である。

それに対して、数人の職人が車座になって、それぞれが革を裁断し、ミシンをかけ、把手を取りつける。したがって、人によって作業効率が違うので、各自が自分で部品を取ってきて、自分のペースで生産していく。これがセル生産方式であるといった説明になる。

加えて、ビジュアルで説明する方法もある。たとえば他の工場で行なわれているセル生産方式工場を訪問して見学する。あるいは工場の様子がわかる動画を見せるなども立体感を出しやすい。百聞は一見に如かずとは、このことである。

次に現実感について話をしよう。人の会社のことはわかったが、到底我が社に導入できるとは思えないというような声があがるのは容易に想像できる。

その場合はある意味、興味はあるが難しそうと感じているわけであるから、簡単なことを強調するより、考えられる課題をあげてもらって、それに説明を加えていったほうがよい。

たとえば、いちいち自分で材料を取りに行ったり、複数の工程を担当することで生産効率が落ちないのかといった疑問が出る。それに対しては、たしかに一見効率が悪そうに見えるが、熟練の職人にとっては自分のペースでやったほうが、モチベーションも上がるし、結果として生産性も高くなるとか、それぞれが自分のつくった製品に愛着と誇りをもつので不良品率が下がって、品質問題が起こりにくいといった説明を加える。

あるいは、実際にセル生産を実施している工場の作業員を呼んできて説明してもらう。要するに頭で理解するだけでなく、どんな業務や組織が必要で、どれくらいの投資や人手がかかるかなどがはっきりするのが現実感である。単純に言ってしまうと、業務の流れや内容が頭に浮かんで、そういうことなら「できるかもしれない」、あるいはそれをやるためには何を変えていかないとダメなのかということを思い浮かべることである。

安心感とは、その工場にもしセル生産を入れたとしたら、その組織にどんなよいことがあり、それならみんなもやりがいをもてそうだとか、当事者が自分でもできそうと感じること、あるいは困難に直面してもなんとかなりそうだと思わせることである。要するにいままでとは違う試みだが、面白そうだし、やってうまくいかなくても傷は浅いので乗り切れそうだと思ってもらえれば勝ちである。

これを先ほどのネットベンチャー買収提案の例で考えてみよう。

失敗の原因は、明らかに私たちが経営陣を納得させるストーリーがつくれなかったことにある。そのクライアントにとって10億円くらいは大した金額ではないと考え、ロジックだけをしっかりつくって、説得するためのストーリーに工夫を施さなかった。その結果、経営陣の心を動かせなかった。

ではどんな物語をつくれば、経営陣が納得するストーリーに仕上がっただろうか。

そもそも経営陣はネット事業とは無縁の事業に携わってきた人たちだった。伝統的な事業で、安定した企業経営を目指してきた人たちにとって、ビジネスモデルも確立していない事業に10億円もの資金を投入するなんてあり得ない話だったのだ。たとえ時間はかかっても社内でビジネスモデルを確立させ、確実で安定した事業に成長させたいと考えるのが当然なのだろう。

そうした人たちにネットベンチャーとのM&Aを認めさせるにはロジックだけでなく、感情を動かす仕掛けが必要だった。

まずは、そのネットビジネスがどんなもので、消費者にどのように使われているかを実際のウェブの画面で説明し、ユーザーインタビューでの声を取り入れることによって、なじみのない経営陣でもビジネスのイメージを頭に描けるようにする。立体化である。

次にネットビジネスにおいてはスピードがきわめて大事であり、既存事業の経営資源や意思決定スピードでは到底勝負にならない。そのため、より小さな独立した組織でトライアンドエラーをしながらやっていく必要がある。そんな企業の具体例をあげながら、どんなふうにビジネスが展開されているかを説明する。現実感である。

最後にネット事業はスピードが重要であるから、M&Aを通して「時間を金で買う」という意味合いがあることを伝える。またネット事業は「千三つ」とも言われて、成功しない可能性も大きい。したがって、投資した金は返ってこない可能性もあるが、そこで培ったノウハウと人材、さらにはネットビジネスの世界での人脈はクライアント企業にとっては金に換えられない価値があると説得すればよかったかもしれない。

またネット事業の成功にはＩＴ技術に長けた人材が不可欠であることも説明し、そうした人材、ノウハウを買うためにもＭ＆Ａが最適であることを力説すべきだった。

ベンチャー買収だから絶対の成功や安心感はあり得ないが、ネット事業でこの投資規模の「失敗は恥ではない」こと、そして、「転んでもタダでは起きない」というような一定の安心感を与えるべきであった。こうした点をうまく伝えられれば、Ｍ＆Ａの必要性に関しては納得してもらえるはずだ。

ワクワク・どきどきさせられなかった幻の提案

はずかしながら、再び失敗例を紹介しよう。

いまから30年ほど前の１９９０年前後に、ある事業会社に銀行ＡＴＭの共同化事業を提案したことがあった。当時、各銀行とも基本は自前のＡＴＭ網を展開し、支店だけでなく主要地域には無人店舗を多数展開していた。ところが、実際には使用頻度に比べて、維持管理が大変で必ずしも投資効率に見合う状況ではなかった。

ＡＴＭの管理には、建物の維持、ＡＴＭ機械のメンテナンス、通信回線の維持管理、お札の補充や回収、さらには巡回警備などやるべきことが多数あり、さらにそれらの業務を一括で業者に委託するのではなく、それぞれ別々の企業に委託し管理していた。

そこで我々が考えたのが、事業会社が自前でＡＴＭを全国に展開し、それを各銀行や金融機関に提供する事業である。その企業が全国にＡＴＭ網を自前で展開し、セコムなどの警備会社と組んで警備やお札の出し入れをやってもらう。そして各金融機関からは使用料を徴収するというビジネスである。ここまで読んで、これはセブン銀行のパクリであると思った方は勘がするどい。とても似たコンセプトの事業である。ただし、セブン銀行がいまのビジネスを始めたのは２００１年、検討を開始したのも１９９８年頃と聞いているので、それよりはるか前の話である。

当時、アメリカではすでに自前のＡＴＭ網をもって、全米の金融機関やクレジットカード会社に利用してもらい、利用料を徴収する企業は存在していた。そうした企業のビジネスモデルも参考にしながら、日本の金融事情やコスト構造にも対応した事業を展開しようとしたわけである。もちろん、法的な規制をクリアするなどの課題もあったが、そうした問題は挑戦して突破できる可能性があると踏んでいた。ところが、思わぬところから、この話は頓挫することになった。

それは、クライアントの経営陣の反対である。彼ら曰く、たしかに可能性のある事業だが、我々の主要顧客である銀行の反発を呼ぶ恐れがある。彼らはすでに無人店舗網を多数展開している。そうした資産を否定するような事業を我々がやるのは問題である。したがって、今回は見送りとしたいということであった。

当時は私も若かったので、こんなに可能性のある事業を理解しない経営者はバカであると思い、説得することをあきらめてしまった。しかし、いまなら別の方法をとったであろう。それについてはのちほど第5章でどうすべきだったかを述べたい。

戦略に整合性を与えるのはストーリー

ある消費財メーカーのA事業がうまくいっていない。元々、若者向け製品で成功したのであるが、ユーザーであった当時の若者が40代になってしまい、若者向けのイメージがなくなってしまった。そうした中で、商品をリニューアルし、若者向けの製品・パッケージに変更したが、これが裏目に出てしまい、従来の顧客からは見放され、新しい若者層も捉えられないという中途半端な状況になってしまった。

広告にしても、相変わらずテレビCM中心でやっているが、最近の若者はテレビを見ない。そのため、肝心のターゲット顧客層にリーチできていない。もっとSNSや口コミを活かしたマーケティング戦略をすべきという問題意識はあるもののまったく手がついていない。

さらにチャネル政策についても、従来はスーパーマーケットなどの伝統的チャネルに強みをもっていたのに対して、最近の売上げはコンビニエンスストア（コンビニ）やドラッグストアが中心である。こちらは、営業マンのシフトが十分にできていないが、若者向け商品の開発と積極的なテレビCMの投入でコンビニの店頭には置いてもらえるようになった。ところが、肝心の商品の売れ行きが悪く、このままでは店頭から消える日も近い。

価格政策についても、**図表4-1**にあるように競争相手に比べてブランド力がない

図表4-1｜A社の価格政策

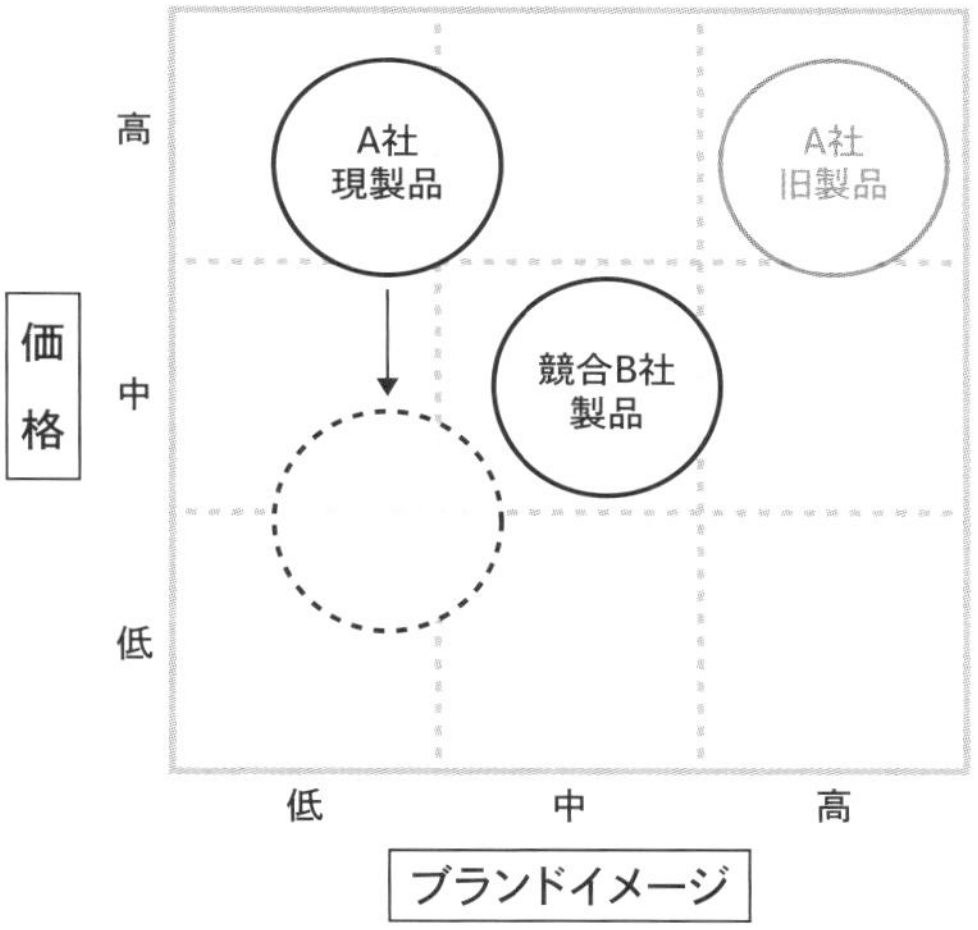

のに従来通りの強気の価格設定を続けているために、じわじわとシェアを失う負け戦となっている。もし、シェアを重視するのであれば、低価格への変更が必要であり、逆に高価格を維持するのであれば、ブランド回復の手立てが必要となる。

この場合に、打ち手としてはいくつか考えられるが、うまくいかないのは個別に手を打つことである。たとえば、次のようなものだ。

▼ブランド価値向上のために中高年向けにはテレビCMを打ち、若者向けにはソーシャル

マーケティングを強化する

▼若者向けの商品力がまだまだ弱いので、それを強化するための商品開発に力を入れる

▼成長チャネルのコンビニで店頭に置いてもらうために新商品販売時のテレビCMは維持する

▼主戦場のスーパーチャネル向けの営業力は最小限に維持しつつ、コンビニとドラッグストア向け営業人材を手厚くする

▼価格については、シェア維持のためにある程度の低価格戦略はやむを得ない

個別には成り立つ戦略かもしれないが、全体として一貫性がなく、うまくいかないのは見えている。たとえば、中高年を切り捨てて若者にシフトするのか。もし、そうであればテレビCMは意味がないはずだ。また、ブランド価値を維持するのであれば、価格を下げてシェアを取りにいく戦略は矛盾してしまう。そうなると、必要なのは個別の打ち手ではなく、全体を通してのストーリーのある戦略ということになる。

若者向け？ 中年向け？ 戦略ストーリーをつくる

こうした場合の大きなストーリーをつくる際には、簡単に言うと、個別に列挙された戦略をどうしたら整合性のある形でつなげられるかをあれこれ想像するのである。そして、それらのパーツを頭の中でうまくつながるかどうか、あれこれといじってみる。そして実際に口に出してみたり、紙に書いてみたりすることでしっくりくるストーリーができ上がってくる。ひとつしか浮かばない場合もあれば、いくつか思いつく場合もある。

もちろん、いきなりこうしたことができるようになるわけではないので、何度も試行錯誤したり、場数を踏むことが重要となる。もちろん、紙やホワイトボードを使ったり、人に聞いてもらってしっくりくるか確かめるなど、さまざまやってみて、自分流を確立してほしい。

先の消費財メーカーのケースであれば、まったく異なる2つのストーリーが考えられる。ひとつはオーソドックスなもので、やはり市場の多くを占める若者向けの戦略である。

中年に支えられて、若者からは商品に魅力がないと思われているこの企業で、いきなり若者向けに、商品開発・広告戦略・流通戦略を大々的に展開したとしても、経営資源が分散してしまい、効果が出る前に金がつきてしまう可能性すらある。

そうなると、もっと小さな市場で戦ったほうが「筋がいい」のではないかと右脳が教えてくれる。これはもはや、長年の経験、そこから得た勘と言ってもよい。

商品は若者向けにリニューアルするのではなく、まったく新しいカテゴリーに若者向け商品をひとつだけ開発する。たとえば、もともとの商品が男性用の整髪料、つまりムースやジェルやヘアオイルのようなものであったなら、オーガニック素材のヘアバームのように新しく規模もまだまだ小さいカテゴリーの商品を開発するのだ。オーガニックなヘアバームは髪の毛をがちがちに固めず、自然な感じに整髪できる。さらに皮膚への保護効果もあるので、頭皮に直接つけてもいいし、頭につけた後に手を洗う必要もない。ハンドクリームにもなるのだ。こうした違うカテゴリーで、若者向け商品を開発してみる。

チャネルについてもコンビニは競争相手もいるし、膨大なテレビCMが必要となる。さらに商品のライフサイクルが短い。これでは、自社のブランドを築くのも難しい。そこで、チャネルはドラッグストア限定とする。その場合は、テレビCMのようなマス広告より、営業マンによる販売促進や店頭での販売促進策が重要となる。これであれば、従来のスーパー営業で培われたノウハウも活きる。その結果、ドラッグストアチャネルで、定番化、さらにはロングセラー化すれば、ブランドイメージ向上にもつながる。それをベースに最終的には従来のスーパーやコンビニなどのチャネルへの展開も果たせることになる。

もうひとつのシナリオは、若者向けはあきらめ、従来の顧客層に寄り添って生き残る方法である。いまさら、若者向けで勝負しようとしても、その市場はすでに競争相手ががっちりと押さえている。経営資源（金、人材、ブランド力）で劣る我が社がいまから、そこへ再参入したとしても勝ち目は少ない。それより、自社の強みである中年以降の顧客を対象にそこで事業を展開したほうが可能性は高い。

そのためには、再度中高年向けの商品開発に力を入れ、そのセグメントを対象としたプロモーション戦略を展開する。彼らは依然としてテレビ視聴をする世代であるから、テレビCMのようなマス広告を展開する。

また、チャネルとしても従来のスーパーに再度注力し、量を稼ぐ商品は低価格での展開もやむを得ないとする。ただし、そのままではいつまでもブランド力が低下したままで代替可能商品になってしまうので、新商品については、プロモーション戦略と併せてハイエンドの商品と位置づけ安売りはしない。このやり方は、規模は追求できないかもしれないが、自社の強みを活かしながら、確実にあるセグメントとチャネルを押さえる作戦だ。

どちらも現状分析と、個別の対応戦略からは出てこない戦略であるが、右脳を使ってどこかにフォーカスすることで全体としての整合性を高めることができる例である。

4 右脳と左脳がキャッチボールする

第3章と第4章で右脳と左脳をどう使い分けるか、どう組み合わせて使うかについて述べてきた。これをまとめると、**図表4-2**のようになる。

見たり、感じたりしたことをもとにして、真の課題を発見し、課題の構造化を図る。これは図表の矢印Aに当たる。すなわち右脳を使って考えたことを左脳でロジカルチェックするわけである。

一方で**左脳で考えたことがどうもしっくりこない、あるいはうまくストーリーにならない。そんなときは、いったんでき上がったロジカルな分析やストーリーをハート**

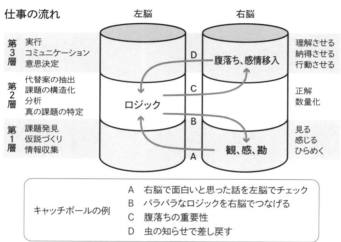

図表4-2｜右脳と左脳のキャッチボール

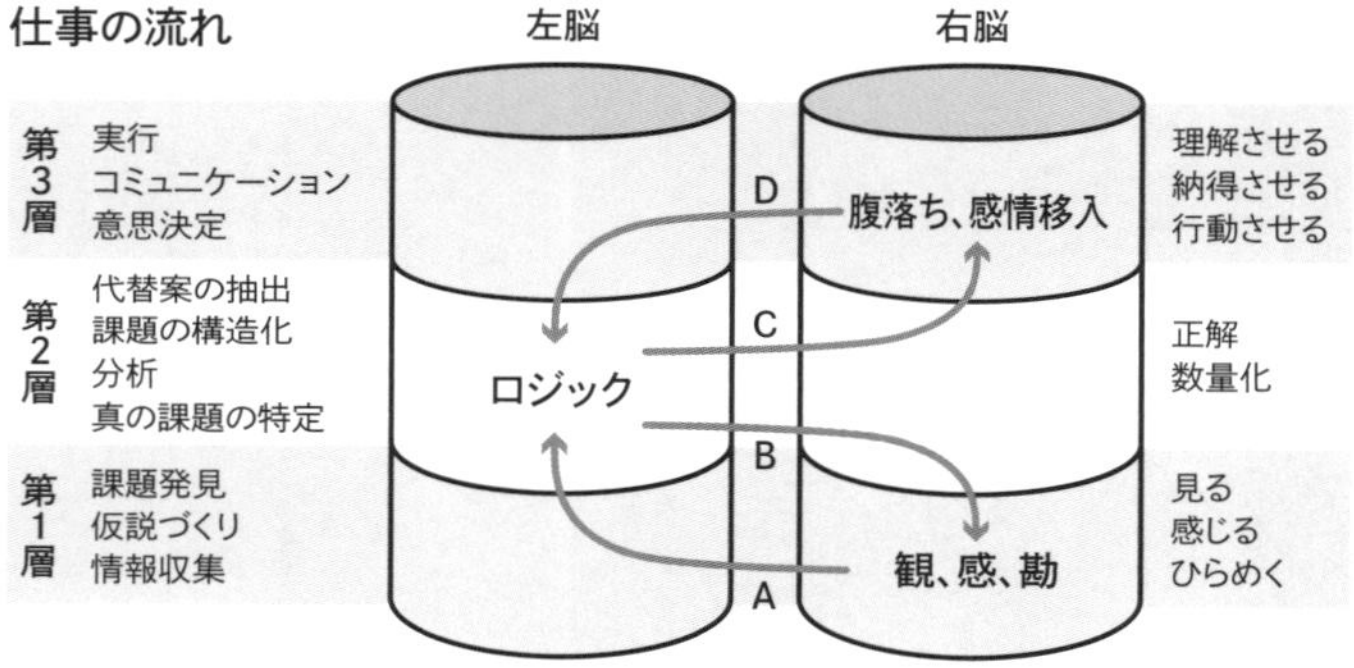

キャッチボールの例		
	A	右脳で面白いと思った話を左脳でチェック
	B	バラバラなロジックを右脳でつなげる
	C	腹落ちの重要性
	D	虫の知らせで差し戻す

すなわち右脳で見直すことで、人の心にすとんと落ちる課題整理や提案になるかもしれない。これは矢印で言うとBに当たり、左脳で考えたことを右脳で肉づけするプロセスとなる。

次に第2層と第3層の関係を考えてみる。まず、第2層で考えたロジカルな課題の指摘や代替案（解決策）を、経営者などの当事者に説明することを考えてみよう。そのままロジカルに説明してうまくいくこともあるが、多くの場合、なんの抵抗もなく、すんなり通ることは少ない。そこには、ものを決める経営者やリーダーあるいは意思決定する顧客の思惑、不安、疑いなどの心理的要素が入っているからである。

したがって、どうしたら相手にわかってもらえるのか、相手の心理の壁はどこにあるのか、あるいはそれがわかったとして、どうしたら説得できるのかなどを考える。まさに腹落ちしてもらうために、時には相手に感情移入して考えていく。矢印で言えばCに相当し、左脳の理屈を右脳で解釈したり、右脳に働きかけるプロセスとなる。

最後にトップや上司がやりたいと思ったことを下に伝える場合、あるいは下からの提案をなんかおかしいと思って突き返す場合を考えてみる。

たとえば、トップがやりたいことを思いついたとしよう。それをそのまま下に伝えると、下から見るとトップの気まぐれが始まったと思われかねない。その場合は、自分の考えをいったん冷静に見直してみて、ロジックが通っているか、あるいはどのようなストーリーにしたらみんなが納得するかを考えてみる。これは矢印で言えばDに相当する。右脳で考えたことを左脳でチェックするということになる。

同様に、下からの提案が何か虫の知らせでおかしいと思ったときも、その思いをそのままぶつけて反対するのではなく、いったん冷静になって、本当にロジックが成り立っているのか、あるいは逆の腑に落ちないロジックはどの部分なのかを考えることが大事である。これもプロセスとしては、右脳でおかしいと思ったことを左脳でチェックするわけであるから矢印で言えば、Dとなる。

このように右脳と左脳の関係は、第1層の右脳から第2層の左脳を経て第3層の右脳に至るという単純な構造ではなく、その道中、第1層と第2層の間を行ったり来たりしたり、第2層と第3層の間を行ったり来たりする。別の言い方をすれば、右脳と左脳の間で頻繁にキャッチボールが行なわれていると言うことができる。

第5章

右脳「力」を鍛える

1 ビジネスで使う「勘」を鍛える

ロジックにストーリーを加える

第4章で紹介したATM事業の例のように、ただ論理的に正しいだけでは、人は納得したり、動いたりしない。心の底でやってみよう、あるいはやりたいと思ったとき、さらには仕方なくかもしれないが、やるしかないと思ったときに仕事は前に進む。

そうだとすれば、大事なことは精緻華麗な理屈をつくり上げることではなく、人を動かすストーリーをつくることである。

人は感情で動くのであるから、ロジックにストーリーをつけて、相手の腹に落ちるようにすることが大事になる。

たとえば、第4章のATMの事業の例ではたしかに既存の銀行のATM網が一部ムダになってしまう。それをこちらで引き取って、まとめて運営すれば、銀行にも損失は出ないし、これまで自行のATMでないために使いにくかった他行のATM網が、あたかも自行のATM網であるかのように使えますよと説得すればよい。

あるいは、一時的には顧客の反発を招く可能性もあるが、日本の金融インフラをつくることになれば、消費者にとってのメリットは、はかりしれないし、顧客の金融機関に対する影響力もいまよりも強くなる。それ以上に、日本に新しいインフラをつくり上げた経営者として注目を浴びることになりますよと説得する方法もあった。

いずれの場合も、経営陣がもっている恐れや懸念を払拭する、あるいはそれを上回るメリットを論理的に提示することで、説得できたかもしれない。しかし、当時の私は「こんなに可能性のある事業を理解しない経営者はバカ」と右脳で反応してしまったために、左脳で反論をつくり、左脳で伝えたためにうまくいかなかった。右脳を通じて説得することを放棄してしまったわけである。

生まれつき差はあるが、得手・不得手があるだけ

右脳力の中でも、勘が働くとか直感と呼ばれるものをここでは勘と総称しておくが、果たしてこうした能力は後天的に身につくのであろうか。

普段の生活でも勘が良いとか悪いとかよく使うし、実際そういうことも多い。たとえば、方向感覚である。世の中には、地図を見るにしろ、見ないにしろ目的地までスムーズにたどり着ける人と、なぜか違う場所や方向に行ってしまう人がいる。方向音痴と呼ばれる人たちだ。

私自身は、地上であれば東西南北が自然と頭の中に入っており、道に迷うことはほとんどない。さらにビルの中や地下街をうろうろしても、大体どちらに進んでいるかを感覚的に理解しており、正しい方向に進むことができる。カーナビでも、地図を見ながらこちらのほうが近いはずだと、カーナビの指示にしたがわずに最短距離で進むこともできる。あるいは、はじめて訪れた町で駅から同じ道を通らずにまた同じ駅ま

で戻ってくる1時間程度の散歩を地図なしですることが可能である。世間的に言えばかなり方向感覚がよい。したがって、私に言わせると普通の人がなぜあんなに道を間違えるのか理解できない。

一方で、音楽になるとまるっきりダメである。音楽の授業の成績で1とか2をとったことがあるくらいの、筋金入りの音痴である。一度ならず、何度も聴いたことのある曲でも、自分で再現することはできない。もちろん、伴奏つきで唄っても、カラオケでもまるでダメである。音楽の授業は受けたのでドレミファソラシドの楽譜は読めるが、それを自分の声で再現することなんてとんでもない。一度聴いた曲をすぐに唄えたり、人の出した音がなんの音かわかる人がなぜそんなことができるのか、まったく理解できない。

ここまで書くと、**勘とか、直感とか呼ばれる右脳の力も生まれつき差があって、後天的に鍛えることができないように思える。しかし、私はそうは思わない。**

たとえば、本書の「はじめに」で書いた食品の消費期限の話を思い出してほしい。はじめは、紙に書かれた情報をベースに自分の勘を若干加えていくだけにしても、繰り返しやってみることで徐々に自分の感覚が研ぎ澄まされていく。これも、紙に書かれたことだけをそのまま信じているかぎりは決して磨かれない直感である。

ビジネスで使われる右脳の力も同じだと思う。世の中には生まれながらにして、これはやばいというビジネスの勘が働く人、これは儲かるという勘が働く人がいる。一方で、どうしてあんなに筋の悪い案件に投資したりするのだろうとか、何をやっても仕事がうまく進められないという人もいる。

そのあたりは、**自分がどんなことには勘が働き、どんなことには勘が働かないかをまず自覚しておくことが大切**になる。

勘は意識すれば鍛えることができる

感覚的な言い方になるが、ビジネスの世界でも生まれながらにして勘の良い人と、どちらかと言えば勘の悪い人がいると思う。こうした生まれながらに備わっている勘をここではG型の右脳と呼んでおく（Genius の略）。

一方で、前述したように経験や学習によって鍛えられる右脳もある。それをここではL型の右脳と呼ぶ（Learned Talents の略）。**図表5−1**で直感のイメージを示してみる。

図表5-1｜直感（勘）のイメージ図

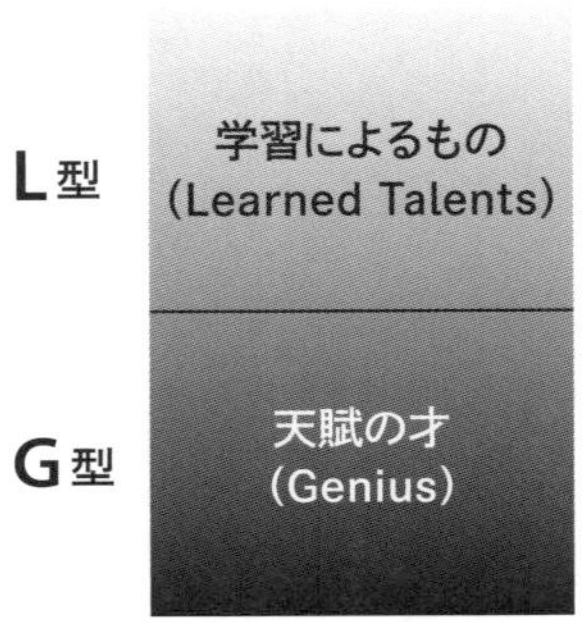

したがって、G型の右脳力についてはある程度もって生まれたものがあるにしても、L型の右脳力については、努力と経験によって高められるというのが私の考えである。

しかし、実際にはプライベートな世界でもビジネスの世界でも、勘を意識して使っていたり、ましてやそれを鍛えようとしている人はあまり見たことがない。それはG型の右脳力が高い人でも、そうでない人でも同じである。

どうしてそうなるかを少し考えてみると、**図表5-2**のようになる。G型の勘を使う場合、ほとんどの人は無意識に使っている。そうなると自分にどんな勘が働くのか、それが人と比べてどれくらい優れているかがなかな

図表5-2｜天賦の才と学習による勘の比較

タイプ	G型（天賦の才）	L型（学習によるもの）
性質	先天的	後天的
意識	無意識	意識的
身につけ方	引き出す（すでにあるものを見出す）	学ぶ（努力して習得）
使い方	消費する（減らないが）	ためる

か判断できない、というか判断しようと意識しない。

一方でL型の勘はどうかと言えば、本来は意識しないと使えないものであり、その場合も当然経験を積んで学びをため込まないと意味がない。ところが、ビジネスで勘は使ってはいけないという意識があるために、こちらもほとんど学習が進まない、あるいは無意識にしか蓄積されないという残念な結果になってしまう。

そこで本章では、どうすればビジネスで使う勘を鍛えられるのかを考えていきたい。

天賦の才と学習による勘——あなたはどっち？

それでは自分はどちらのタイプであるか考えてほしい。あまり経験がない分野でもそれなりの答えを思いついたり、課題を発見する能力が高い。あるいは常に何か頭に浮かぶことが多く、それを言葉にしたり、理屈にして説明することが得意である。これはG型の特徴と言える。

一方で、特定の分野で経験を積むことによって勘が働くようになることも多い。たとえば、工場の生産現場で工程改善についてのアイデアがさまざまに出てくる人は、その分野であーでもないこうでもないとさまざまなことを試した結果、経験則に沿って新しい知恵がわいてきたり、思いついたりする。これはL型の典型である。

これを図で表すと**図表5-3**のようになる。どうにも勘が働かない人はO型と呼ぶ。Gは強いが、Lが弱いタイプをG型、逆にGが弱いがLは強い人をL型と呼ぶ。もちろん中には両方強い人間もおり、それはGL型と呼ぶことにする。

ここで注意しておくべきことは、この型は特定の個人の全体的な能力を表すのでは

図表5-3 4つのパターン

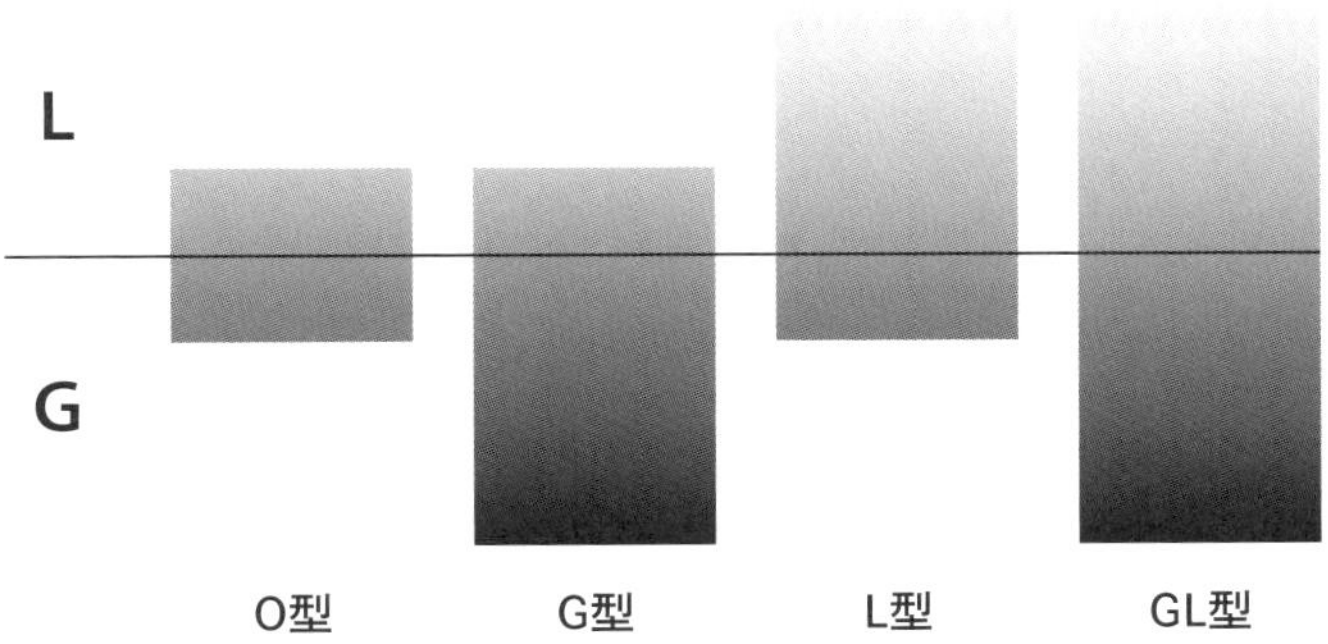

なく、特定の個人の特定の分野における勘の働き方を表しているという点だ。

たとえば、ある人間は商品開発に関してはもって生まれたG型の勘がきわめてよく働くのに、コストや会計といった数字を伴う分野ではG型のみならずL型でもまったく勘が働かず、役に立たないといったことがあり得る。というより、それが普通である。

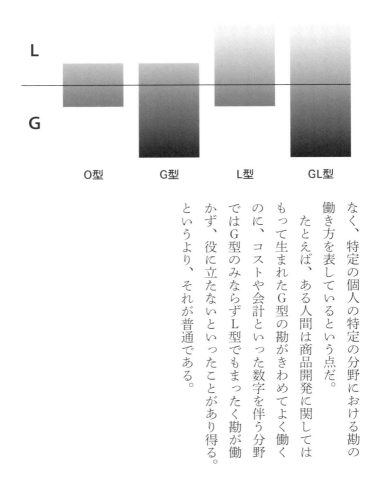

2 プライベートのやり方を仕事に活かす

休日の行動予定を決めてみる

あなたが何か活動しようとするときに、過去数カ月の活動履歴を調べてみて、今週は勉強時間が足りないから勉強を3時間しようとか、あるいは服を3カ月買いに行っていないから今日は服を買いに行くべきだとか考える人は少ないはずだ。

それより、「ここしばらく勉強していないな、ぼちぼちやるか」、でも「友だちともしばらく会っていないからどうしようかな」などと考えるほうが普通である。明らかに左脳ではなく、右脳で何をしようかと考えている。そして、仮に今日は「遊びたいな」と思ったときに、心のどこかで「最近遊びすぎではないか」「少し勉強したほうがよいな」「家の仕事を片づけたほうがよいかもしれない」とチェックが入る。あるいは、直感が「買い物に行きたい」だったときは、「ちょっと待てよ、最近お金の使いすぎだから買い物は控えたほうがよいかもしれない」とやはりチェックが入る場合もあれば、どうしても我慢できなくて買い物に行ってしまう場合もある。

まずは、右脳で考えて、左脳でチェックするというのが普通の行動パターンである。

もちろん、プライベートでも、仕事が忙しくて休みがなく、久しぶりの休みの日などはやることが多く、思いつきで行動するとダメな日というのもある。たとえば、洗濯をする、掃除をする、クリーニング屋さんに行く、さらには書店にも行きたい、友人とも会いたいといった場合である。こういう場合は、仕事と同様に、ロジカルに考えて優先順位をつける必要がある。たとえば、次に休みをとれるのはいつか（この週末のうちにすべてをやるべきか、あるいは、今週末と来週末に分けてやるべきか）、一番優先度の高い行動は何かなどである。

しかし、普通はまず右脳で考える生活をしているはずである。

ランチに何を食べるか決めてみる

昼ご飯を例にとろう。まず、今日は何を食べたいかなと考える。そしてあるメニュー、たとえばうなぎを思い浮かべる。そして、ここ1～2週間は、そばやハンバーガーなどの軽食が続いていたので、うなぎは悪くないのでOKとか、逆にここのところ天ぷらやステーキなどの重めな昼食が続いていたので、今日はうなぎは止めたほうがいいと思ったりする。あるいは、その日の夜にはイタリアンでしっかり食べる予定が入っているので、うなぎより軽い昼食がよいというケースもあり得る。

ところが、昼食を何にしようかと考えるときに、過去1カ月分の朝昼晩の食事データを引っ張り出し、その中から栄養バランスを考えたり、必要カロリー数を計算したり、メニューがここ1週間で重複していないかをチェックして、メニューを決めたとしたらどうだろう。健康にはよいかもしれないが、義務感ややらされ感がありありで、食べる楽しみがない。加えて、これまでにない食べ物やレストランに挑戦することが少なくなりそうである。

どの友だちと何をするか決めてみる

友だちとのつき合い方についても、ほぼ同じような動きをする。週末に時間があるので、誰と会って何をしようかと決めるときに、過去のスケジュール帳を分析して、最近会っていない友だちを探し出して会おうとする人は稀だろう。あるいはやることが決まっていて、それをやるのに最適な友人リストをつくっている人も少ないはずだ。たとえば、食事するならAさんとBさん、買い物はCさんとDさん、ディズニーに行くならEさんとFさんのようなイメージだ。

一方で何も考えずにいるかというとそうではない。たとえば、最近Eさんに会っていないな、会いたいな。でも何をしようか、彼女は食べるのが好きだから、食事に誘おう。そう言えば、この間、雑誌で紹介されたイタリアンに行ってみたいからちょうどよいかもしれない。こんなふうに考えるはずだ。

あるいは、先にやりたいことが頭に浮かび、それからふさわしい友人を探すこともあり得る。たとえば、たまには美術館に行きたいなと思いつく。そうなると、普段つき合っている友だちには美術好きがいないので、頭の中で最近少しご無沙汰になっている友人を数人ほど思い浮かべて、そうだあの人ならぴったりだとなる。

これらは、論理的に導き出されたのではなく、なんとなく頭に浮かんだ発想を自分の頭の中で整理して、具体的なアクションプラン（誰と何をいつやるか）に落とし込んでいく。後半の部分は結構ロジカルシンキングになっているが、最初の出だしは思いつき、すなわち右脳発想である。

すでに第1章の頭でも紹介したように、今日見に行く映画を決めるのも右脳的に考えることが普通である。

仕事でも感情や思いつきを大切にする

ここで述べてきたように、日常生活では何か行動を起こすときに、ほとんど右脳発想から考え始めて、後からロジカルな整合性をとる。

以上の話を踏まえて、プライベートのやり方を仕事に活かす方法を考えてみよう。

たとえばプライベートの場合は、ロジカルにやる場合よりどちらかと言えば思いつきのほうが多いのに、仕事となるとすべてロジカルにやるべきと思い込んでしまう。

理屈はこうだ。自分の気持ちの向くままに好きな仕事だけやっていては会社が回らない。それぞれが自分のミッション・役割を果たすために行動する。したがって、理性が教えるいまやるべき仕事を時には気が進まなくても一所懸命やることになる。しかし、これでよいのだろうか……。

仕事の優先順位あるいはやり方を考えるときに、ロジカルに考えるのではなく、感情や思いつき、好き嫌いで考えてみる。なぜかと言えば、ロジックや義務感で考えると、仕事を処理する感じになってしまい、ワークライフバランス的にもよくない状況に陥る。

したがって、まずはどうしてその仕事をやるのか、あるいはどうしたら仕事が楽しくなるのかなどを考えることが、ビジネスでも重要になる。

いくつかの具体的な右脳の鍛え方を次節以降で紹介する。

3 「観・感・勘」インプットに使う

観察、感じる、勘、この3つがカギを握る

右脳を働かせる場合に、以下の2つに分けて考える。

インプットのための右脳の使い方とアウトプットのための右脳の使い方である。

これは**図表5-4**で言えば、第1層に相当するのがインプットのためのプロセスで、ビジネスの流れで言えば情報収集、仮説づくり、課題発見などのプロセスに相当する。

図表5-4｜右脳と左脳のキャッチボール（図表4-2再掲）

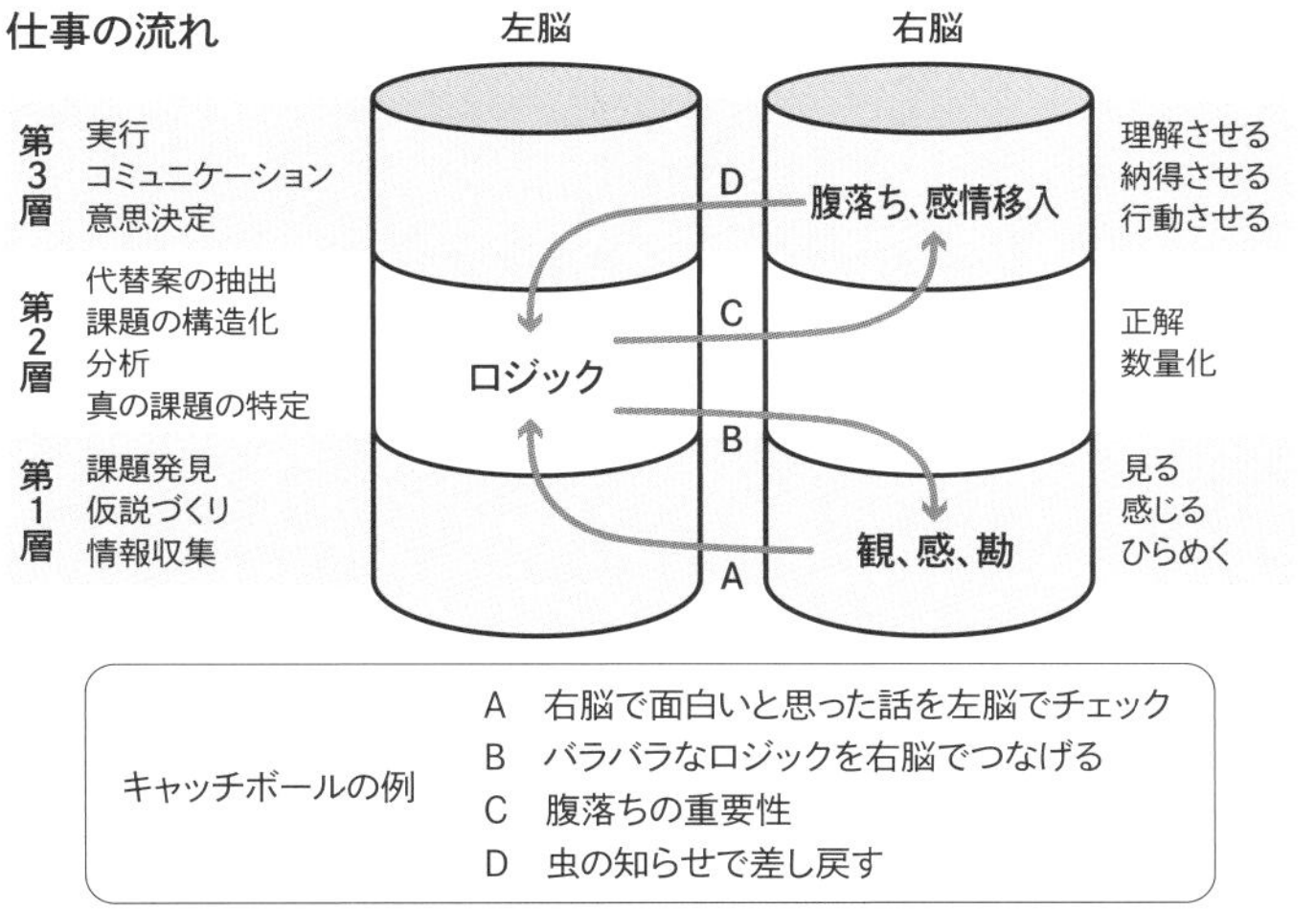

そこから、分析を通じて、課題を整理・構造化したり、解決のための答え（代替案）を考える第2層は主に左脳のプロセスとなる。一方で、第2層の左脳で考えたことを、第1層の右脳でチェックすることも当然あり得る。その場合のカギは次の3つとなる。

①観察する
②感じ取る
③勘を働かせる

この3つを語呂合わせで「観《かん》・感《かん》・勘《かん》」と呼んでいる。

「①観察する」は文字通り、ものを見たり、聞いたり、読んだりすることである。観るというほうがわかりやすいかもしれない。日常生活で言えば、街を歩いていて新しい店を発見したり、道端の花が咲いているのに気がつく、さらには人の話を聞いたり、テレビや新聞、ネットで新しい情報に触れることなどがあげられる。仕事の場合であれば、会議で人の話を聞いたり、工場の現場で何かを見かけたり、顧客との対話、競争相手に関する情報を収集するなどがこれに当たる。

もちろん漠然と目に入ってきたり、耳にしたことでもよいのであるが、できれば日頃から問題意識をもってものを見る癖をつけることで、より効率的に新しい情報を入手したり、頭の中で整理することができる。

たとえば、私の場合であれば、新しいビジネス、ビジネスモデル、経営者、リーダー、電機製品、サッカー、自動車などについて興味があるので、そうした情報に接した場合は頭が活性化する。具体的には、よく見てみようとか、くわしく知ろうとかするアンテナが動き出すのである。

一方で、私のアンテナが働かないのはファッション、新しい食べ物、流行っているレストラン、生活に密着した店などである。

このように特定の分野に問題意識をもつことでより深く観たり、新しい気づきを得られる。*これが単に「観る」のではなく、「観察する」としたゆえんである。

「②感じ取る」は、五感を働かせてさまざまなものを感じ取ることを言う。たとえば、新しい製品を見れば、欲しいとか、デザインが良いとか悪いとか、高そうだとか、売れそうだとかさまざまなことを思う。これらをまず、素直に感じることだ。次になぜそう感じたかを考える。

たとえば、数年前にドローンが首相官邸に墜落する事件があった。それを見て何を感じたか思い出してほしい。「危ない」と感じた人の中には、こんなものを勝手に空に飛ばしていたら危険だと思った人もいれば、勝手に撮影されたらプライバシーもあったものではないと思った人もいるだろう。もちろん、「面白さ」を感じた人もいるだろう。おもちゃとして面白さを感じた人もいれば、手軽に航空撮影ができるようになるのではと考えた人もいるだろう。

「③勘を働かせる」は、見たり・聞いたり、あるいは感じたことが自分の会社、ビ

＊問題意識をもつことで、気づく力やひらめく力（勘）を養う方法については、拙著『スパークする思考』（KADOKAWA）でくわしく述べているので、興味がある方は、ご覧いただきたい。

ジネス、業界、社会にどんなインパクトがあるのか、想像力たくましく思い浮かべてもらうことだ。その事象は大きくなるのか、あるいは一時的なものか、ビジネスとして成り立つのか、成り立たないのかといったことに勘を働かせる。

ドローンの例で言えば、流行ると思った人もいれば、流行らないと思った人もいただろう。あるいは、日本企業からもっと高性能なドローンが発売されるのではないかと考えたかもしれない。しかし、その時点で「自分の仕事、業界でこんなふうに使えるのでは？」と思った人はほとんどいなかったのではないかと思う。

ところが実際には、建設現場や道路の保守、あるいは映画やテレビの撮影用に使われるようになった。結果として、測量業界などはゲームチェンジが起きてしまった。

このように勘を働かせて、自分の業界や事業がどちらの方向にいくのかを考え、あるいはいま起きている事象は一時的なものなのか、世の中を変えるようなパラダイムシフトなのかを判断する。

意識しながら、かつ検証しながら鍛える

観・感・勘を磨くには、仕事でもそれを使うように心がければよいわけであるが、ただやみくもに経験を積むのではなく、ある程度「意識」しながら、かつ「検証」しつつ繰り返していくことが大切である。具体的なステップとしては、次のやり方をあげておく。

①観察して感じたことを書き出す
②観・感・勘の検証（証拠探し）
③進化させる（修正）

まず、①の最初にある出来事（事象）を見て、思ったことを口に出してみる。あるいは書き出してみるとなおよい。

たとえば、最近やたらと自転車で通勤・通学をしている人を見かけるようになった。

もしかしたら、地球環境に対する配慮（エコ志向）の表れかもしれない。いや、交通費節約のためかな？　あるいは健康のためかもしれない。一体、どれが正しいのだろう。ここまでが、最初に見たり、感じたこと、あるいはその原因（勘）を考えたところまでである。

次にどうしてみんなが自転車に乗るようになったのだろうか？　周りで自転車に乗っている人やこれから乗ろうと思っている人に聞いてみる。②の検証である。すると、地球環境保護よりは、健康と節約が大きな理由であるということがわかった。たとえば、こんなふうに検証していく。

自分が感じたことや思ったことがあっていれば、次回もそのやり方を踏襲することで、勘が単なる勘から経験則へと進化する。もし、勘が外れた場合は、自分の勘の働かせ方を修正して、次回はより正しく勘が働くように軌道修正していく。③の進化である。いったん手に入れた経験則も、時代によって陳腐化するときもあるので、常にアップデートをしていくことをお勧めする。

4 感度を高めればいつもと違う情報が入ってくる

同じものを見ても、立場・個性で違うものを感じる

人間は同じものを見ても、立場、個性、あるいは状況などで見えるものが違ってくる。

もし、みなさんが結婚しているとしたら、夫婦の間で駅から自宅までの間で、気になる店や気になることをリストアップしてみてほしい。もちろん、夫婦ともに気にな

る場所として、スーパーやコンビニやクリーニング店、あるいは子どもの通う塾などがある。一方で、男女の違いから、たとえば男性は電器屋さん、居酒屋さん、あるいはパチンコ屋さんあるいはタバコを売っている店などを思い浮かべることが多いと思う。それに対して女性は花屋さん、パン屋さん、ケーキ屋さん、美容院、ヨガスタジオなどを思い浮かべるかもしれない。あるいは、道端に咲いている雑草や、人の家の庭の花や木が気になる人も多いのではないかと思う。

プライベートではこれは当たり前のことである。

ところが仕事となると、人によって見えるものが違うことが理解できない、あるいは許せない人が出てくる。どうしてこんなことに気がつかなかったんだ？　何年この仕事をやっているんだ的な発言がまさにこれだ。そして、これを叱ることや教育で解決しようとする。しかし、これではなかなか解決しない。大事なことはこれまでとは異なる視点でものを見ることを理解させる、あるいはわかってもらうことである。

それでは異なる視点でものを見るというのはどういうことかと言えば、問題意識をもつことである。先の夫婦の例で言えば、夫婦間で理解を深めようとすれば、自分のレンズだけでなく、相手のレンズでものを見る努力をするということになる。

新人とベテランの目に映るものの違い

これを理解する上で、格好の材料がある。

問題意識をもつことで、これまでと違う景色が見えてくる。マーク・トウェインの小説『ミシシッピ河上の生活』から引用しながら、ジョエル・バーカーが著書『パラダイムの魔力 新装版』の中で興味深いことを述べている。まず、ある新米水先案内人が夕暮れのミシシッピ河の光景を見てつぶやいた、文学的、情緒的な表現で始まる。

広々とした河が一面血の海となり、その赤みが金色に変わった真ん中辺を一本の丸太が流れていくのが、くっきりと黒く見える。ここでは長い斜めの線がキラキラと水面に輝き、別のところでは、ブツブツとわき立つ水面が、転がるような輪を描いては崩れ、オパールのような多彩な色を放っている……。〈勝浦吉雄訳、文化書房博文社、一九九三年、以下同〉

（中略）

しかし、水先案内の修業をしながら河を旅していくうち、「私」のものの見方は訓練によって変わり、水先案内の目で、河の景色をながめている自分に気づく。

それからというもの、あの同じ日没の光景が再び私の眼前にくり広げられても、それを歓喜をもって眺めることはなく、こんなふうに心の中で呟くであろう。これじゃ明日は風だというシルシだな。あの流木は、水面が高くなっていくということだ。あんまりありがたくないな。あの水面の斜めの線は、いつまでもあんな具合だとすれば、そのうち、夜分、どこかの蒸気船を真っ二つにする暗礁があるということだ……。

（ジョエル・バーカー『パラダイムの魔力 新装版』日経ＢＰ社、１２６〜１２８ページより）

新米水先案内人が修業を重ねるにつれて見方が変わる様子を指摘している。**人は経験を積めば見方が変わる。あるいは、素人と玄人では同じ現象を見ても、違う解釈をする**ということを見事に表している話だと思う。

これを仕事に当てはめると、それぞれが自分のレンズで仕事を見ているということになる。それが仕事を効率的に進める上で大事なことだからである。

ものの見方は十人十色、だからなかなか合意できない

しかしながら、いままでとは異なる発想で仕事を進めたい、たとえば業務改革を行ないたい、あるいはイノベーティブな製品・サービスを生み出したいという場合には意図的に違うレンズを通してものを見るべきである。いまの仕事をすべて否定するつもりで、作業を見直すとどういうふうに見えるのか。あるいは、いまの顧客がまったく気がついていないニーズってないんだろうか、というような問いかけだ。

もうひとつは、仕事の上で同僚や顧客、あるいは取引先とうまくコミュニケーションできていないときも、実はお互いに違うレンズを通してものを見ているために、うまく合意できないということがよくある。自分は事務処理の正確さが大事だと思って仕事をしているのに、相手は多少間違ってもよいから速く仕事をしてほしいと思っているケースなどは、気がつかずにいると議論が平行線になってしまう。これもなんか変だなという感覚が大切である。

たとえば、経営者が自社の工場の生産ラインを見物して、従業員が一心不乱に忙し

く働いているのを見たとする。

それを見て、経営者Aは「こんなに忙しいのなら、しばらくはうちの工場も仕事が十分あって大丈夫だ」と思ったとする。一方、経営者Bは「1人ひとりがこんなに忙しいのは、品質面や労働環境面で問題である。ラインの見直しをすることで、同じ人間の数でももっと楽に仕事できるのではないか」と思った。別の経営者Cは「こんなに忙しく働く従業員を同じ賃金で雇い続けるのは難しいのではないか、やがて労務費が高騰するであろう。いまのうちにロボットの導入を柱とした自動化ラインに変えていかないと長期的な競争力を維持できない恐れがある」と懸念した。さらに、経営者Dは「こんなに人ばかりたくさんいて、これでは他のメーカーと生産性が変わらないのではないか、そうだとすれば、この製造工程は他社にアウトソーシングしたほうが、コスト面でも柔軟性の面でも有利かもしれない」と考えた。

このように同じ経営者目線でも、人によって見方・感じ方が違う。これを理解しておくことは自分自身にとっても重要であるし、他人を理解する上でも重要である。

ここで重要なことは、人はそれぞれ自分のレンズをもっており、ものの見方・考え方・感じ方が違うという事実をまずしっかり叩き込んでおくこと。

次に、自分のレンズ以外に、他人のレンズを通してものを見たり感じたりすることができる、あるいは少なくとも理解できるようにしておくことが大事である。

異常値に注目——外国人観光客の動向

また、ものを観察する上で、共通項に注目して、新しいものの見方を見つけたり、問題点をあぶり出したりするのはもちろん大事なことだが、場合によっては「外れ値」と呼ばれる異常値に注目することも大事だ。

たとえば、大阪市の中心地の南側にあるミナミと呼ばれるエリアを歩いてみると、日本人より多いと思われるほど、東南アジア系の外国人が大勢いる。現在、東南アジアの人々にとって、日本は人気の旅行先だということがよくわかる。

一方、東京の銀座の百貨店では爆買いと呼ばれた中国人需要で嵐のようだった売り場が一段落して、落ち着いている。多くの日本製品が中国本土で安心して買えるようになったのが大きな理由である。しかしながら、依然としてメイドインジャパン製品に対する信頼は絶大である。買う場所が日本から中国へシフトしているだけである。

代わりにというわけではないが、いまや外国人旅行者は日本人でも滅多に行かないようなところにまで、たくさん押しかけるようになっている。東京であれば下町の蔵前に、白人・アジア人を問わず多くの外国人が訪れている。私のような東京育ちから見ると、何がよいのかなと思ってしまうが、ごく普通の日本が見られるのが人気らしい。

東京や大阪といった大都市以外でも、北海道のニセコのスキー場には外国人が大勢押しかけており、中でもHanazonoリゾートは日本人より白人のほうが多いと思われるくらい欧米人に人気である。

こうした現象から理解できることは、政治的な感情は別にすれば中国人や東南アジアの人にとって日本は特別な存在であり、そこでショッピングしたり、飲食したりすることには大きなニーズがある。逆に欧米人にとっては、日本人があまり魅力を感じない場所に、かえってなんらかの魅力を感じていることがわかる。

もちろん、どちらも大きなビジネスチャンスにつながるわけである。

ロジカルシンキングでは現象を見ても、数字や平均や平均像しかわからないことが多い。右脳では数字に表れていない異常値に気づくことが多い。

5 アウトプットの最終目標〝腹落ち〟

人を理解するために相手の靴に自分の足を合わせる

一方で、第2層と第3層の間では右脳は少し違う働きをすることになる。

第1層と第2層の間の右脳が「観・感・勘」だとすれば、こちらの右脳は「腹落ち」がキーワードになる。

第4章でも述べたように、人が動くためには心から納得していないと難しい。そのために、ロジックだけで組み立てたストーリーでは人はなかなか動かない。単なるロジックフローではダメということになる。人を動かすためには心に刺さるストーリーが必要である。それがあってはじめて、顧客や取引先、関連部署、あるいは自社の上司・部下に理解してもらうことが可能になる。そして行動につながる。その一連のプロセスに共通のキーワードが腹落ちであることはすでに紹介した。

それでは、どうしたら相手の腹に落ちるのか。

相手に納得してもらうためには、相手がなぜ納得していないのか、あるいはどこに引っかかっているのかを理解することがカギである。そのためにボストン コンサルティング グループ（BCG）でよく使われていた言葉が、**「相手の靴に自分の足を合わせる」**である。いわゆる「感情移入」である。自分の思考回路では、なぜわかってもらえないのかが解明できない場合、相手の思考回路を想像してみる。そして、その回路を当てはめて問題を捉えてみることで、こちらには見えていなかった論点が浮かんでくることがある。

たとえば、会社全体で資金の有効活用を図るために、子会社や支店では余裕資金を極力ゼロにして、本社にすべての資金を吸い上げて管理するやり方（CMS：キャッシュマネジメントシステムと呼ぶ）を導入しようとして、ある支店長の反対に遭ったとしよう。その支店では恒常的に黒字をあげており、本社に吸い上げられた資金には金利もつくので決して悪い話ではない。もちろん、全社的に資金を管理すれば余分な借り入れを減らすことになり、メリットは大きい。こうしたことは容易にわかる頭の持ち主なのに、なぜか改革案に反対する。主たる理由は、機動的な資金の活用ができなくなるということである。

こうした場合は、こちらの意見の正しさをいくら主張したとしても聞いてもらえないか、あるいは無理やり説得したとしても後にしこりが残る。その場合は、なぜそこまで頑なに主張するのかを見つけ出すことが大事であり、じっくり話を聞くことになる。

そうすると、実はその支店では、過去に支店長の裁量で新たな案件開拓のために本社の決裁を後回しにして、プロモーションを実施したり、販促費を使ったりしていた。そのことが支店の好業績につながっていた可能性が高いと判明した。この場合は、新しい仕組みのもとでも支店長にある程度の裁量権を残すことにするか、逆に緊急の支出の決済プロセスを短縮化して現場の活動に支障が出ないようにすれば問題は解決する。

こうした相手の立場でものを考えるのは、もちろん相手との対話を通じて見出すことが一番だが、それができない場合、あるいはそれをやったところで解明しない場合も多い。その場合は、自分の頭の中で相手の考えを想像してみるシミュレーションが効果的だ。何通りかのパターンを事前に考えておいて、実際に対話する機会を得たときに、一番当てはまりそうなことを相手にぶつけてみるのがよい。それによってポジティブな反応が見られれば正解だし、そうでなければ再度考え直せばよい。

反対の理由は右脳で探り、説得方法は左脳で考える

自分の考えを相手にわかってもらうにはどうしたらよいか。

まず、相手がこちらの考えの何に引っかかっているかを理解した上で、それを払拭するにはどうしたらよいかを考える。そもそも新しいやり方より、いままでのやり方がよいと信じているのか、自分に自信がないからやりたくないのか、それとも新しいことはなんでもやりたくないのか、反対と言ってもさまざまな理由が考えられる。こ

のあたりは右脳で思いついたことを左脳で検証しながら確定していく。

反対の理由がわかった場合に、どうしたら納得してもらえるかは再び自分の右脳で考えてみる。たとえば、これは相手に寄り添って徐々に説得していったほうがよいとか、逆にこちらが背中を押してやらないと自分では決められそうにないなどと考えるわけである。

それによって、証拠を集めて理詰めで説得しようとか、あるいは情に訴えようとか、少し脅かしてみようかなどと考える。さらに理詰めで説得するには公式な会議や対談がよいのか、あるいは飲み屋さんで口説くのがよいのか、彼/彼女の尊敬する第三者を使うほうがうまくいきそうかなどである。同様に脅かして説得する場合は、みんなの前がよいのか、こっそり2人きりのほうがよいのかを考える。これらのアプローチを決めるプロセスはどちらかと言えば左脳で考える。

そうやって考えた解決策を実行する際には、相手に感情移入するという意味で再び右脳が大事になる。

このように相手に理解してもらい説得するためには左脳と右脳の両方を上手に使い分けることが大切である。まさにキャッチボールが重要となる。

6

経験を積むことで、勘が磨かれる

この章の3節で述べた、観・感・勘の3つのサイクルを回していくことで、勘が単なる勘からビジネスで使い物になる勘に高まっていくはずである。もちろん、最初の頃は勘が外れたり、勘がまったく働かなかったり、失敗ばかりかもしれない。

しかし、失敗の数だけ成長できると信じて、数多く勘を働かせ質を高めていけばよい。それによって、**図表5-3**の元々O型だったものがL型に、あるいはG型だったものがGL型に進化していく。

ジャブを打って経験値を高める

相手の気持ちを理解したり、こちらの考えが伝わるかどうかを試す方法で、「ジャブを打つ」というやり方がある。これは、ボクシングで相手を牽制したり、相手の出方を試すために打つ軽いパンチのことである。

相手の本音を引き出すために、あえて少しきついことを言って、その反応から本音を見つけ出したり、こちらの考えが受け入れられるかどうかを見るために、あえてややオーバーな提案を言ってみたりする。

たとえば、改革に乗り出す気があるのかないのかはっきりしない経営者やリーダーに向かって、あなたがそんなに保守的だから会社が変わらないのではないですかと言ってしまう。それで怒るようなら、逆に見所があるかもしれない。一方でシュンとなってしまうようであれば、彼には改革は重荷なのかもしれない。

もちろん、相手を怒らせてしまうリスクがあるが、これは経験を積んで、どれくらいのジャブであれば致命傷にならずに、相手を理解したり、動かしたりすることができるのかを学んでいけばよい。

感情をコントロールする

ここまでは、上司、取引先、顧客など、相手の腹落ちを中心に話してきたが、**もうひとり腹落ちをさせないとならない人物がいる。自分自身だ。**

喜怒哀楽を無理に押さえつける必要はないが、大事なことは自分の右脳の声、すなわち感情をどのように処理していくべきかである。

ビジネスでは、個人的な好き嫌いや、感情はできるだけ排除して、論理的に物事を考え、推進していくことを求められる。しかし、私の実体験からは、そんなふうにして仕事を進めてもつまらないし、どこかでストレスがたまってしまう。最初のうちは仕事だからと割り切っていても、仕事がうまくいかないとなんとなくやる気がなくなったり、やっぱりダメかと思ってしまう。さらに、それまで我慢できていたことや、嫌な相手と仕事をし続けることも嫌になってくる。それが、正しい姿であろうか。きっと長続きしないであろう。

そうであれば、自分の感情をもっと仕事に持ち込んだほうが、ストレスもたまらないし、モチベーションも上がるであろう。

もちろん、単に喜怒哀楽の本能にしたがって仕事をしろといっているわけではない。プライベートでも喜怒哀楽をそのままあらわにしていれば、周りが遠ざかってしまったり、つき合ってくれないこともある。

仕事でも同様に、まずは自分の感情を素直に出す。ただし、外に向かってではなく、自分の中に問いかけるのだ。なぜ面白いのか、それは他の人にも面白いのだろうか。あるいは、つまらないとしたら、なぜつまらないのか。他の人はどうだろうか。うれしいとしたら、それはどうしてだろうか。怒りを感じるとしたら、それはなぜか。自分がないがしろにされたせいか、あるいはこんなことをやるのは人としての道に外れるからだろうか。

このように自分の感情をまずは素直に感じ、そう感じる理由を分析してみる。その次にそれをもとに行動を起こせばよい。

単に個人的に面白いだけで、周りの人がそう思っていないことがわかれば、その面白さや自分がやりたいということを共感してもらうのにどうすればよいかを考えるわけである。正しいことや、やるべきことから考えると、大変だし、疲れる。それより自分がやりたいことをどうやったら実現できるか考えたほうが楽しいし、仕事もそうあるべきである。

逆にどうしてもやりたくないことを冷静に考えると、この人とは仕事がしたくないという個人的な感情だとわかる場合もあれば、顧客や取引先に不利益が及ぶようなビジネスはしたくない、あるいはこれは絶対うまくいかないなどの理由が浮かんでくることもある。それぞれの理由によって、自分がどう対処すればよいかは違ってくるが、嫌なことを我慢してやることに比べれば、本人にとって健全なだけでなく、組織にとってもよいはずである。

したがって、仕事においても最初にわいてきた感情を、仕事だからと押し殺すのではなく、一歩下がって、なぜそう感じたのかを理解することから始めればよい。

やる気スイッチの引き出しを増やす

人が自発的に動く、一所懸命働く理由・動機はさまざまである。それをここでは先に紹介した品川女子学院の漆紫穂子理事長にならって、「やる気スイッチ」と呼ぶ。

たとえば、お金のためにがんばる人ならば、こうしたらもっと収入が増えるよと説明するのがよいかもしれない。あるいは、昇進や昇給のように地位が上がることが励みになる人もいる。もちろん、お金も地位も大して興味がないが、お客が喜ぶ姿を見るのが一番うれしいという人もいる。こうした人には、新しいやり方ややり遂げてもらいたい仕事が、いかに顧客満足につながるかを理屈ではなく肌感覚で伝えるようにすればよい。この手の人には、理屈より感情で訴えたほうがよいからである。

あるいは、顧客以外の誰かのために働きたいと思っている人もいるかもしれない。その場合はそれが誰なのかを見つければよい。家族かもしれない、上司かもしれない、仲間かもしれない。そのステークホルダーを巻き込む仕掛けや説得方法が効く。逆に誰かに認められたいと思って働く人も多い。その場合は、それが誰かを見つけることが大事であり、もし上司やあなたであれば、相手のよいところを素直に褒めるだけで大きく違ってくる。

もちろん、単なる好き嫌いでしか動かない人もおり、それが運悪くあなたが嫌いというのが理由だった場合は、無理に進めてもうまくいかない。その場合は、他に代わりの人を立てて進めるほうが、お互いに精神衛生上も得である。
これ以外に自分で工夫して、しっくりくるやり方や、やりやすいやり方があれば、各自工夫すればよい。

ビジネスにとって大事な勘は山勘ではなく、経験に基づく仮説。したがって、経験を積めば積むほど勘がさえてくる。ただし、むやみやたらに経験を積んでも、そこには進化（学習）がない。

したがって、大事なことは常に問題意識をもって挑むこと、そしてその問題意識に沿って経験を積んでいく、すなわち参照できるデータベースを充実させていくということに他ならない。右脳思考とは、**自分の中に蓄積された経験という、あなたオリジナルのデータベースに自在にアクセスし、それを使って自由に考える**ことである。

第6章
ロジカルシンキングより直感を信じてみよう

1 まず左脳を忘れて、右脳で仕事しよう

ロジカルシンキングが重要視されすぎている

ビジネスは左脳でロジカルにものを考えるのが大事であって、経験や勘と度胸に頼ってはいけないと教わる。しかし、本書の中で、私はこれに異論を唱えてきた。ビジネスを行なっているのは人であり、そこには感情が存在する。行動経済学が教えてくれるように、人は理性で動くのではなく、感情で動くのである。

そうだとすれば、その感情を理解し、あるいは自分の感情を上手にコントロールすることでもっと上手に仕事が進められるはずである。左脳を忘れて、もっと右脳を活用しよう。具体的には右脳で、こうではないかとか、それは違うなとか、なんか変だなと思ったときに、それらの感覚を理屈に合わないからと言って切り捨てないでほしい。それを解明する努力をする。あるいは感情に基づいて行動してみたらどうか。

仕事のステージごとで右脳・左脳を使い分ける

仕事の流れをロジックで説明すると**図表6−1**の上段になる。まず、データを収集したり、現場に出かけたり、会議を開き、インタビューをすることで仮説を立てて問題点を明らかにする。解くべき課題が何か（論点）を定義する。これを第1ステージと呼ぶ。次に第2ステージの仕事は問題点（課題）をさらに分析したり、課題の構造化を図って、それをもとに解決策を考え出す。最後の第3ステージは、その解決策を選択し、実行に移す。

これを右脳思考で説明すれば、**図表6−1**の下段のキーワードに当たる。第1ステ

図表6-1｜サンドイッチ構造とキャッチボールの関係

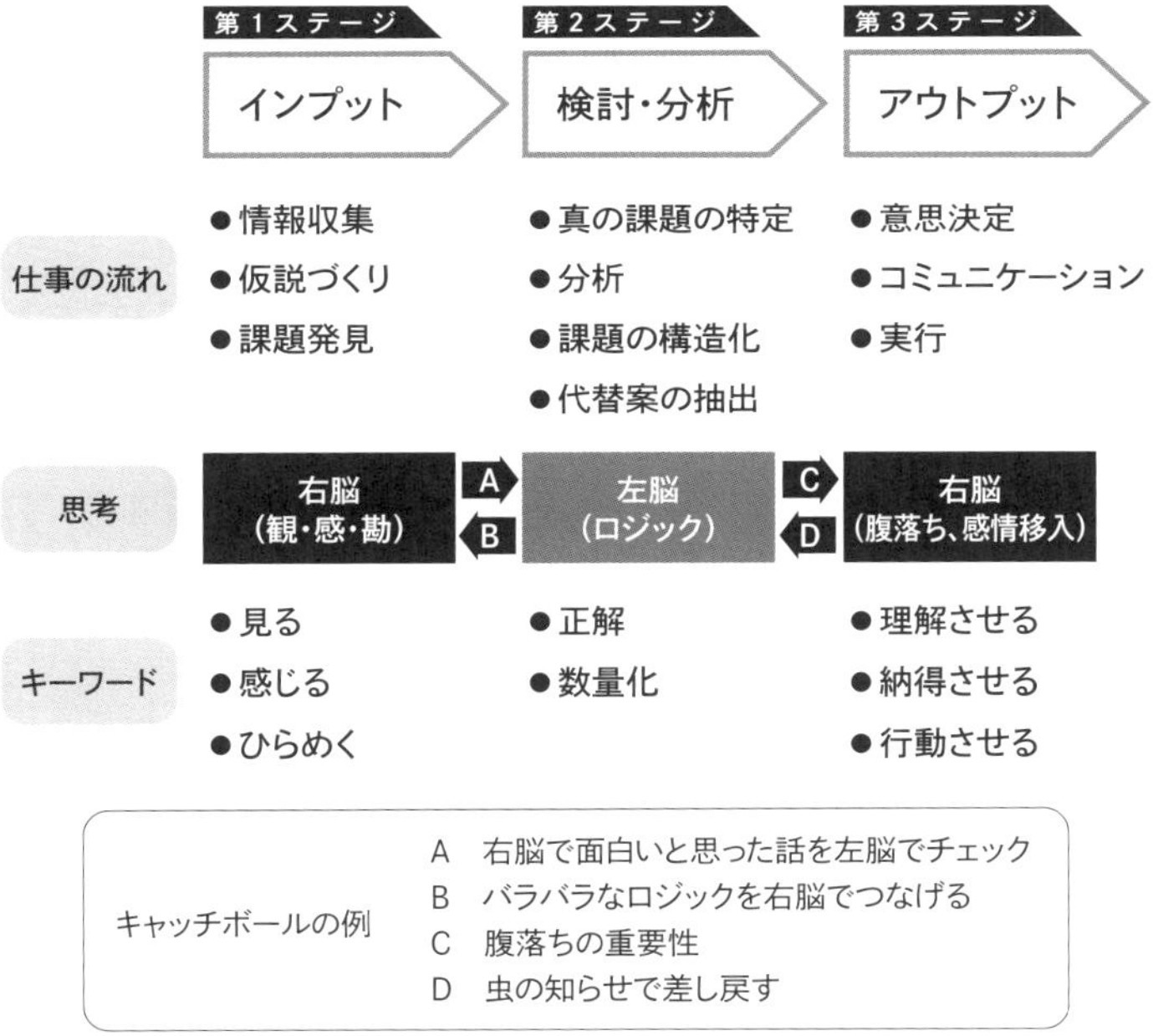

ージの仕事では右脳を目一杯活用して、観・感・勘を働かせて、課題は何か、どこにどんな可能性があるのかなどを見出す。キーワードは「見る」「感じる」「ひらめく」などである。

第2ステージは問題を分析して、解決策を提示する部分であるから、これは左脳が主役となる。分析力、ロジックツリー（課題の構造化）、考えられる答えの抽出などがやるべき作業となる。キーワードは「正解」「数量化」などになる。

最後の第3ステージは再び右脳が重要な役割を果たすことになる。ここは意思決定、あるいは実行フェーズであるがゆえに、人が主体となる。右脳思考で言えば、腹落ち、あるいはそのための感情移入が実行のカギとなる。キーワードは「理解させる」「納得させる」「行動させる」になる。

2 あなたは左脳型か右脳型か

右脳思考力の高い人間を目指すためには、まずは自分が左脳に長けた人間か、それとも右脳に長けた人間かを自問してみることから始めよう。もちろん、どちらかが強い人もいれば、両方強い人、両方弱い人もいる。

右脳型の経営者――一見冷徹だが人間味あふれる

私が尊敬する経営者にDOWAホールディングス（旧同和鉱業）という100年以上

の古い歴史をもつ会社の改革を成し遂げて、高収益企業に変身させた吉川廣和《よしかわひろかず》さんがいる。残念ながら先年亡くなられて故人であるが、素晴らしい経営者だと思う。彼が書いた『壁を壊す』(ダイヤモンド社)を読むと、冷徹な左脳人間に見えるが、実は非常に熱い人間味あふれた人だ。

私が思う吉川さんは、実は自分が情に厚い人間であることをよくわかっている。したがって、人の好き嫌いもあれば、人の気持ちにも理解がある。そうであるがゆえに、自分の感情のおもむくままに経営してはダメである。あるいは周りの納得が得られない。さらには、人事の公平性が損なわれれば、組織が腐っていく。

そういうことを知っていたがゆえに、あえてロジック(左脳)を前面に打ち出して、情報の開示、事業継続のルールなどを掲げ、改革を促進したのだと思う。自分のことがよくわかっていた経営者だと思う。

左脳型の経営者――プレゼンでは人の心を揺さぶる

左脳型の経営者の代表例が経営共創基盤CEOの冨山和彦《とやまかずひこ》氏だ。大学時代に司法試験に合格し、大学卒業後はコンサルティング会社で活躍。在職中にスタンフォードビジネススクールでMBA取得。実際の言動を見ても、きわめてロジカルに議論を展開することが得意である。

一方で、本書で何度も言っているように、左脳だけで組織や人を説得したり、動かしたりすることは難しい。そのために左脳型の人間は、多くの場合、右脳で左脳を補強する方法を身につけている。たとえば冨山氏の場合は、そのロジックを駆使しながらも人の心を直接揺さぶるような巧みなプレゼンテーションを武器としている。

私は左脳型の経歴ながら、右脳型

ちなみに私はどうかと言えば、実は右脳人間である。元々、数学や理科が好きで、大学も工学部、ビジネススクールで好きだった科目もファイナンスやマーケティングのような白黒はっきりしやすい科目、さらに転職した先がボストン コンサルティング グループ（BCG）。経歴だけ見れば、誰もが内田は左脳型人間と思う。私自身も、BCGでパートナーになるまではそう思っていた。

でも、私の強みは右脳にあることが、40歳頃によくわかるようになった。どういうことかと言えば、私はもちろんロジカルに考えることもできるし、それが好きな側面もある。

一方で、世の中にはもっと私よりロジック（左脳）が得意な人間はたくさんいる。そのため、私がコンサルタントとしてやっていくためには、左脳ではかなわないことを悟った。

ところが、私の右脳、とりわけ思いつきや発想方法は人に比べてかなりユニークであることがわかった。したがって、そちらで勝負しようと決めたのである。そのため、ロジカルに詰めて正しい結論を導くというより、思いついたことに後から理屈をつける。あるいは、ロジカルにはうまくいかない、正しい答えと思われないことでも、自分あるいは周りの人がやってみたいと思うことはまずやってみるというようにしてきた。

平たく言えば、正しいことや、やるべきことではなく、やってみたいことや面白いと思うことをやるようにしてきた。ワクワク・どきどきすることを重視するようにしたのである。

これが、「一部の人」から、内田は面白いとか楽しいとか、人の思いつかないことを提案したり、指摘してくるという評価につながった。もちろん、右脳は対人関係にも重要な役割を果たし、そちらは特に得意というわけではないが、その重要性は認識している。

ただし、万人に好かれていないことも承知していて、「一部の人」に好かれればよいという考え方でやってきた。

3 大事な分野を見定めて、勘を鍛える

すでに第5章でも述べたように、同じ右脳型でも天賦の才のG型と学習による勘のL型の2通りがある。もちろん、これは全分野において共通の資質というよりは、分野によってそれぞれ異なると考えたほうがよい。

たとえば私の場合は、芸術系あるいは人間関係系に関する天性の勘はほとんどない。一方で、数字に結構強いし、電機製品や自動車などについて何が流行りそうかなどに関してはよく勘が当たる。

一方で組織を動かしていく上で大事な、人間関係あるいはリーダーシップ、モチベ

ーションといったものにはまったく勘が働かなかった。ところがコンサルタントに大事な勘というのはまさにその分野である。

したがって、それらの勘は仕事で経験を積むにつれて身についていった。私にとっては**仕事に使う多くの勘がＬ型の学習によるもの**と信じている。好き嫌いで言っても、経営コンサルタントになる前は、数字や理屈が大好きで、財務分析のように明確に答えが出るもの、あるいはマーケティングのように理屈で考えて答えが出てくるものが得意であった。

ここで言いたいことは、自分がどの分野でどちらの勘が働くのかを知ることだ。次いで自分の仕事やキャリアをつくっていく上で大事な勘はどんな分野の勘であるかを考える。

そして、その分野で自分がＧ型であれば、たぶん自然に勘が蓄積されていく。しかし、その分野で自分がＬ型だとしたら、かなり意識して学習していかないと勘が使えるようになるまで、時間が非常にかかることになる。

4 組織で期待される役割を知る

蛇虫ながら、自分が属する組織、あるいは自分の仕事がらみの関係者の間で、そこにどんな人物がいて、どんな役割を果たせるか、あるいは逆に期待されているかを考えることがきわめて大事である。自分がどの分野で右脳が働くかを知ると同時に、組織の中で自分の左脳や右脳が相対的にどれくらいの力があるのかを知っておくことが重要だと言い換えてもよいかもしれない。

たとえば、同じ組織の中に、ロジカルシンキングが得意な人間がいたとして、同じ土俵で張り合うのは必ずしも得ではない。もちろん将来に備えて、彼／彼女から、そうした思考法やスキルを学ぶことは大事だが、それよりその人間がもっていないスキルを発揮したほうが、組織としてはより力を発揮する。

一般的にあり得る、期待される役割としては、以下のようなものがある。

分析型

問題発見・現状分析などに優れている。これは分析力に優れている左脳型タイプと、他の人が見落としている問題に気づいたり、批判能力が高い右脳型タイプがいる。

批評家タイプ

人の発言、あるいは提案、指摘などに対して、その問題点や課題に気がつく能力が高い。もちろん、どうしたらうまくいくか、どう直せばよいかまで指摘できればよいのであるが、こうしたタイプはそちらは劣るものの批判が的確で他人をなるほどと思わせるタイプである。

思いつき型

後先考えずに、思いついたことを口にしたり、提案したりするタイプ。基本的には前向きで、自分の提案が否定されたり、怒られたりしても懲りない。

熟慮型

まずは人の意見をよく聞き、その後で自分の考えも頭の中で反芻し、よほどの確信がないと発言したり、行動したりしないタイプ。役職が上だったり、年齢が高く、滅多に発言しないような人は、重鎮として尊重される。

実行型

自分で考えたかどうかは別として、組織として成し遂げるべきことを率先して実行するタイプ。頭よりも身体が先に動くが、物事を達成するにはこうした人間が必要。

破壊者タイプ

これまでの常識にとらわれずに既存の価値観をひっくり返すような議論をふっかける。確信犯で言う人もいれば、自分は正しいことを言っていると思って、かき回すだけの人もいる。せっかくまとまりかけていた議論をもう一度ひっくり返したりすることもある。

まとめ役

チーム全体の意見をとりまとめたり、他の部署・顧客・取引先との打ち合わせや議論を上手にまとめていくタイプ。

アドバイザータイプ

自分が提案するわけでも、議論をまとめるわけでも、先頭に立って実行したりするわけでもないが、みんながその人の意見を聞きたがる、あるいはよいタイミングで議論に影響を与える発言をする。

もちろん、経営者になれば、こうした役割を多少の凹凸はあってもすべてもっていたほうがよいのは言うまでもない。

私自身は経営コンサルタント時代に、親しいお客さんの経営者から、こんなことを言われたことがある。課題に正解が欲しいときは、御立尚資《みたちたかし》さんにお願いする。でも、ちょっと変わったものの見方や、もしかしたら何か見落としがないかと思うときには内田さんにお願いする。

ちなみに御立尚資さんというのはＢＣＧの後輩で、日本代表を務めた大変優秀なコンサルタントだ。これが、経営コンサルタントという職業で私に期待された役割だった。

5 不等号を逆にすれば進歩や学習が生まれる

何度も言っているように、ロジカルシンキング全盛時代に勘や直感を前面に出して仕事をするのは勇気がいるかもしれない。不安もあるだろう。しかしながら、私の長いビジネス経験上、優れたリーダーは例外なく右脳が優れている。もちろん左脳のほうがより優れているリーダーも多いが、右脳が弱いリーダーは少ない。あるいは少なくとも魅力がない。

みなさんがビジネスをやっていく上で、これまでの常識である、

ロジカルシンキング∨直感

の不等号を逆にして働いてみることを勧める。

ロジカルシンキング∧直感

それによって、仕事がスムーズにいくこともあれば、間違いを事前に防ぐこともできるかもしれない。もちろん、失敗もするだろう。しかし、人間は失敗しないかぎり学習しない。なぜなら、成功すれば同じことを繰り返すからだ。そこには進歩とか学習という言葉はない。

それゆえに、失敗を恐れず右脳思考にチャレンジしてほしい。それがあなたの仕事の幅を広げることにもなれば、他人に対する差別化要因にもなるだろう。

おわりに

ボストン コンサルティング グループ（BCG）で経営コンサルタントをやっていたこと、さらに大学が工学部卒業ということから、私はきわめてロジカルシンキングの強い人間と思われることが多い。

そのため、どうしたら論理的にものを考えることができるのですかとか、逆に会社の中に理屈がまったく通らない人がいて、手こずっているのでどうやって論理的に説得したらよいですか、というたぐいの質問をよく受ける。

本文でも繰り返し述べているが、私はどちらかと言えば右脳型の人間だ。ロジカルシンキングをもっと極めたいという人に、ついついロジカルシンキングで左脳を鍛えるより、右脳を鍛えたほうが仕事に役立つよと言いたくなる。実際には、勘や経験だけではビジネスはうまく回らないし、リスクも高い。したがってロジカルシンキングは身につけたほうがよいことは間違いない。

しかしながら、ロジカルシンキングを極めた先に優秀なビジネスパーソンや優秀な経営者がいるかと言えば、それはノーだ。私が知っている、魅力的で素晴らしい経営者は、みな右脳も優れている。

そうした人がもつ優れた資質は、左脳型と違って、これまではうまく説明することができない個人の資質と考えられてきた。しかし、そのままでは、そうした優れた経営者やリーダーの資質、思考法が若い人に伝わらない。なんとか「見える化」して、これからのビジネスパーソンが実践で試したり、磨いたりできるようにしたいと思ったのが本書執筆の動機である。

上司に「おまえの提案は、思いつきだろう」と非難されて、本当は思いつきだったのに、「いえ、ロジカルに考えました」と答えてしまい、結局、上司からロジカルに詰められて論破されて撃沈、なんていうのはよくある光景だ。

こうしたことで、せっかくのアイデアや提案を生かせなかったあなたが、本書を読んだ結果、同じ質問に次のように答えることを期待している。

「おまえの提案は、思いつきだろう」

「はい、思いつきですが、ロジカルチェックもしましたから、大丈夫です」

『仮説思考』に続いて『論点思考』を書いたときから、思考シリーズは三部作にしようと思っていた。その完結編に当たるのが本書である。自分のアイデアをベースに編集者の黒坂浩一さんと議論を始めたのが2013年のはじめだ。ところが、そこから6年近い歳月が過ぎてしまった。途中でストーリー（物語）を中心とした構想から右脳を中心とした構想に方針転換したのが最大の要因である。

おかげで自分なりに納得のいく仕上がりになったと自負しているが、この間我慢してつき合ってくれた黒坂さんと、前2作でもお世話になった橋本淳司さんには感謝の言葉もない。

さらに今回も早稲田大学の内田ゼミ生には、原稿段階で読んでもらった上で多くの示唆をもらった。特に、右脳と左脳のサンドイッチ構造の図については、ゼミ生の藤井淳喜さん、また右脳と左脳のキャッチボールの図はゼミ生の岩佐彰則さん、出口俊一さん、福本大悟さんのアイデアをもとに修正したものであり、私のオリジナルに比べて大変わかりやすくなっている。あらためて感謝したい。

他にも尾崎文則さん、掛田茉莉さん、掛谷章往さん、勝田菜々子さん、坪井亜紀子さん、鳥居芳隆さん、中村公治さん、二牟禮弘樹さん、山崎忠史さん、山田洋介さんはじめ実に多くのゼミ生から貴重な意見を頂いたことを記してお礼としたい。本書が多少でもビジネスパーソンの感覚に近いとか、わかりやすいと思ってもらったのなら、それは彼らに負うところが大きい。

また、２０１８年7月まで8年にわたって私の仕事を支えてくれた秘書の内田まりこさんにも感謝いっぱいである。最後に休日を潰しての原稿執筆を文句も言わずに支援してくれた妻と子どもたちに感謝して筆をおくこととする。

筆者

【著者紹介】
内田和成（うちだ・かずなり）
早稲田大学ビジネススクール教授
東京大学工学部卒業。慶應義塾大学経営学修士（MBA）。日本航空を経て、1985年ボストン コンサルティング グループ（BCG）入社。2000年6月から2004年12月までBCG日本代表、2009年12月までシニア・アドバイザーを務める。2006年には「世界の有力コンサルタント25人」（米コンサルティング・マガジン）に選出された。2006年より早稲田大学教授。ビジネススクールで競争戦略論やリーダーシップ論を教えるほか、エグゼクティブ・プログラムでの講義や企業のリーダーシップ・トレーニングも行なう。著書に『仮説思考』『論点思考』（以上、東洋経済新報社）、『ゲーム・チェンジャーの競争戦略』（編著）『異業種競争戦略』（以上、日本経済新聞出版社）、『スパークする思考』（KADOKAWA）、『プロの知的生産術』（PHP研究所）などがある。

ホームページ
http://kazuchida.com/
Facebookページ
https://www.facebook.com/kazuchidaofficial/

右脳思考
ロジカルシンキングの限界を超える 観・感・勘のススメ

2019年1月8日発行

著　者――内田和成
発行者――駒橋憲一
発行所――東洋経済新報社
〒103-8345　東京都中央区日本橋本石町 1-2-1
電話＝東洋経済コールセンター　03(5605)7021
https://toyokeizai.net/

装丁・本文デザイン……竹内雄二
ＤＴＰ………………アイランドコレクション
印　刷………………ベクトル印刷
製　本………………ナショナル製本
編集協力……………橋本淳司
編集担当……………黒坂浩一
 Printed in Japan　ISBN 978-4-492-55786-0